引き裂かれるアメリカ

トランプをめぐるZ世代の闘争

及川 順
Oikawa Jun

a pilot of wisdom

目次

＊本文中の肩書き・年齢は、基本的に取材当時のものです。
＊引用文の翻訳は、特にことわりのない限り筆者によるものです。

序章　加速する分断の中で

対話の拒絶

アメリカ社会の分断という表現が使われるようになって久しい。二〇二四年一一月のアメリカ大統領選挙に向けた政治家の発言を見ているだけでも、亀裂が深まっていることは明らかだ。議会で民主・共和両党が必要に応じて党の枠組みを超えて協力する「超党派」の動きも少なくなっている。どの国でも選挙の年は、政党間のやりとりが激しくなる傾向がある。しかし、それを考慮しても、何から何まで対立という構図は尋常ではない。二〇〇九年のバラク・オバマ大統領就任で振り子は左に振れてリベラル色が強まった。これに対して八年後の、二〇一七年には保守派に支持されたドナルド・トランプ大統領が就任し、今度は振り子が逆に大きく右に振れた。一二年の間に立場が極めて異なる大統領が相次いで政権を担ったことで、アメリカ社会では分断が深まった。「鶏が先か、卵が先か」ではないが、社会の分断の進行が、こうした極端な政権交代を生じさせたと言うこともできる。異なる考えを持つ人同士の対話が困難になる傾向が強まった。

象徴的な出来事があった。大統領選挙まで一年半を切った二〇二三年八月に行われた共和党のテレビ討論会だ。討論会は、共和党の候補者選びが本格化したことを告げるものとされていたが、最有力候補であるはずのトランプ前大統領が欠席するという異例の事態が起きた。アメリカのテレビ討論会では、世論調査での支持率が一定の水準に達していないことなどを理由に、主催者が登壇を認めないことはよくある。しかし、トランプ前大統領はいわゆる「泡沫《ほうまつ》候補」などではなく、最有力候補だ。それだけに、欠席のインパクトは大きかった。

トランプ前大統領の説明はこうだ。

「世の中の人々は私が誰かを知っている。それゆえ、私は、討論は行わない」（NHKニュース、二〇二三年八月二一日）

世論調査ですでに高い支持率を得ているから、これ以上のPRは不要だと聞こえなくもない。しかし、本当のところは違うように思える。討論会の代わりに、トランプ前大統領は、「FOXニュース」に長年出演し、保守層に人気のある司会者タッカー・カールソン氏のインタビューに応じた。そしてその内容を討論会のタイミングで公開した。アメリカの政治で討論会は極めて重要だ。自分が追う側であれば一発逆転のチャンスになりえるが、自分が追われる側であれば、ライバルからの攻撃で足をすくわれて、致命傷を負うこともある。特にトップランナーにとっては気が抜けない。しかも、討論のテーマは広範にわたる。相当の準備が必要だ。討論会欠席というのは、いわば禁じ手だ。メディアから、相当の非難を受けることは必至だ。しかし、そのマイナスよりも、ライバルからの攻撃を避けるメリット、討論会に向けてエネルギーを使わなくて済むメリットが勝ると判断したのだろう。そして、ここには、幅広い有権者に支持を訴えるのではなく、自らを熱烈に応援してくれる岩盤支持層を固めた方が有利という選挙戦略も透けて見える。一国のリーダー、しかも大国のリーダーたらんとする人物が、同じ政党の中での討論すら拒否したことは、対話によって他者を説得するプロセスを拒否したということであり、今のアメリカ社会の分断の深刻さを象徴している。

アメリカで生きていくためには、自分の考えを明快な言葉で説明し、時には相手を説得するという意識や能力が必須だ。ディベート大会などに出て、子供の頃から訓練を受ける。ただ、社会の分断が加速する中で、言葉での説明や対話を拒否する人々も増えている。トランプ前大統領を支持する保守派にも、こういう人たちが少なからずいる。アメリカの伝統と誇りを訴えている人々が、アメリカという国の理念の一つである言論の自由を否定しているようにも見えるのは、皮肉という他ない。

急進左派から極右までの政治的スペクトラム

本書で筆者が試みるのは、四年に一度行われる大統領選挙のタイミングで、アメリカ社会の分断の行方を、現在起きている諸現象から推察することだ。未来を予測する手がかりを得るため、アメリカという国の未来を担う若者への取材を積み重ねた。その結果として、未来への展望について、一定の考え方をまとめた。さらに、目の前に迫っている二〇二四年の大統領選挙についても、若者たちの活動から見えてくることをベースに分析を試みた。

特に今回の選挙では、異例の事態が相次いだ。先に触れたトランプ前大統領の討論会欠席もそうだが、最大の出来事は、投票まで四カ月を切った二〇二四年七月になって、ジョー・バイデン大統領が選挙戦撤退を表明し、カマラ・ハリス副大統領が民主党の大統領候補になったことだ。状況が流動的な中、本書の執筆にあたっては、校正の都度、新しい情報を盛り込み、締切のギリギリまで書き直しを行った。

さて、本書は、トランプ前大統領に象徴される保守的な思想に共鳴して、分断を扇動しているようにすら見える大学生や高校生を対象とした集会の取材ルポから始まる。この動きは、アメリカ社会の分断の行方を考える上で、極めて重要で核心的なものなので、多くのページを割いた（第一章）。続く第二章は、こうした動きに対抗する若者たちの動きだ。特にいわゆるトランプ主義との対立構図が鮮明なプログレッシブというカテゴリーに分類される動きを取り上げる。両者はある意味、共鳴しあっているようにも見える。まるで作用反作用の法則のように、前者の動きが活発化すると、後者の動きも活発化するからだ。

第三章は、分断の深刻化に懸念を抱く若者たちが、分断回避を試みる動きをルポする。キーワードは学びだ。

そして、第四章では、アメリカの将来を考える。若者たちの未来を考える上で避けて通れないことの一つが、アメリカの教育システムの疲弊だ。その最新事情や日本からの駐在員の家族である我が家が垣間見《かいまみ》た「お受験事情」にも触れながら、未来を展望する。

アメリカの政治勢力の分類にあたっては、どこに境界線を引くか、どのような用語を使うのが適切かなどという点において多種多様な意見がある。いろいろな考え方があること

アメリカの政治的スペクトラム

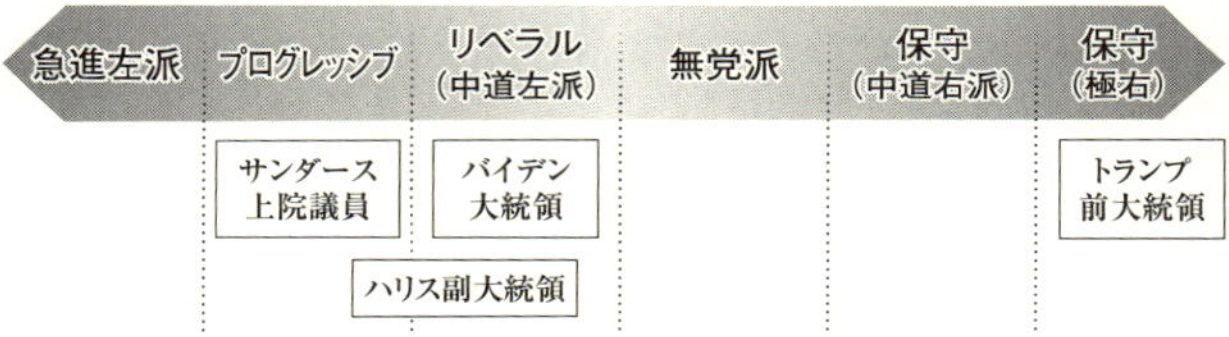

は承知の上で、ここではわかりやすさを重視して、筆者なりに、図のように政治的スペクトラムを整理してみた。左から急進左派、プログレッシブ、リベラル（中道左派）、無党派、保守（中道右派）、保守（極右）となる。政治家の名前を入れてみると、最も右側の「保守（極右）」を代表するのはトランプ前大統領だ。一方、共和党支持者の中でも、「トランプ前大統領は極端すぎる」などと懸念を強めている人たちは「保守（中道右派）」になる。次に民主党支持層、図の左側を見てみる。バイデン大統領は「リベラル（中道左派）」に位置づけられる。さらに左に位置するのが、「プログレッシブ」だ。「民主社会主義者」を自称し、若者たちから熱烈な支持を集めてきたバーニー・サンダース上院議員などが入る。最も左には、「急進左派」という勢力がいる。そして、民主党大統領候補のハリス副大統領は、政権を支えてきたという点では、バイデン大統領と同じ「リベラル（中道左派）」に位置づけられるが、女性の権利をめぐっ

て、より強い姿勢を打ち出している点などを踏まえ、バイデン大統領より少々左に置いてみた。

こうした分類にあたって改めて留意したいのが、言葉の選び方は人それぞれで、メディアによっても異なるという点だ。それは、一人一人が認識している政治的スペクトラムがさまざまであることも一因だろう。ただ、それだけではない。ある政治勢力に属する人たちが、自分たちのことを説明する時には、誇りを持って言葉を選ぶだろうが、他の政治勢力が彼らを批判する場合には、ネガティブなニュアンスを含む言葉を選ぶ場合がある。

その傾向が顕著なのが、トランプ前大統領を支持している極右の保守派だ。「急進左派」や「プログレッシブ」、「リベラル（中道左派）」、あるいは民主党を批判する時、穏当な言葉の選択は、「左派」あるいは「リベラル」だ。一方、激しく批判する時には、「全体主義者」、「社会主義者」、「共産主義者」などという言葉を使って敵対心をあらわにする。アメリカの歴史を振り返ってみると、最大の敵は、第二次世界大戦中はナチス・ドイツであり、その後、冷戦中はソビエト連邦だった。つまり、ナチスとソビエト連邦は、アメリカにとって最も忌み嫌うべき存在の代名詞だ。全体主義は、ナチスとソビエト連邦両方に当てはまるし、社会主義や共産主義はソビエト連邦の政治体制だ。保守派がこうした言葉を使う場合には、アメリカ人として最も忌み嫌うべきという激しい嫌悪感が込められているのだ。

さらに、「保守（極右）」に属する人々は、「プログレッシブ」や「リベラル（中道左派）」に留《とど》まらず、相対的に近いはずの「保守（中道右派）」をも攻撃対象にしている。その激しさは、中道右派を「名前だけの共和党員」（RINO＝Republican in name only、「ライノ」と読む。動物のサイという意味の単語、rhinoと同じ発音だ）という呼び名で非難することに象徴される。これによって彼らの中では団結が強まる。しかし、異なる考えの人たちとの対話には応じない、異論は一切受け入れないという排他的な力学も強くなる。

若者たちの力強さ

アメリカ大統領選挙の年には、アメリカのメディアは言うまでもなく、アメリカに取材拠点を置く各国のメディアも選挙報道に多くの時間を割く。しかし、選挙の年に取材をしているだけでは、アメリカの本当の姿に近づくことは難しいだろう。一連の取材で筆者がこだわったのは、選挙戦が本格化する前の段階から、できるだけ多くの現場に行き、活動している若者たちの思いを直接聞くことだ。テレビのリポートと同様、本書の執筆にあたっても、若者たちの生の声をできるだけ多く入れることを心掛けた。若者の声を聞く方法は、テレビカメラでのインタビューが基本だが、スムーズなコミュニケーションをとるために、いろいろな方法を試した。我々取材班の前で何人かの若者に討論してもらい、そのまま収録することもあった。学校に行った時には、筆者がいわば臨時の教師として、日本人の人権意識や日系人の歴史についてミニ授業を行い、その上で生徒たちからの質問や疑問に答えたこともあった。アメリカの若者たちは、英語が母語ではない筆者の問いかけを忍耐強く聞いてくれた。そして、外国人である筆者にわかりやすく説明しようと一生懸命考えてくれた。その誠実さは、政治的立場にかかわらず、皆に共通だった。

一連の取材で感じたのは、自分の考えに確信を持って雄弁に語る若者たちの力強さだ。それは大学生だけでなく、高校生であっても同じだ。彼らは力強い。アメリカという国の行方は不透明だが、彼らが未来を担う以上、少なくともこの力強さだけは、この国から容易にはなくならないだろう。こうした力強さがポジティブに作用するのか、ネガティブに作用するのか、これから考察を進めていきたい。

第一章　分断を扇動する若者たち

中間選挙の終わりは大統領選挙の始まり

クリスマスまで一週間余りとなった二〇二二年一二月中旬。空港はすっかり冬休みモードだ。筆者は年内最後の出張のためにロサンゼルス国際空港のターミナルにいた。冬休みにあわせて開かれる全米規模の大学生や高校生の集会を取材するためだ。

アメリカの冬休みモードは一一月下旬の感謝祭に始まる。感謝祭にあわせて、会社でも学校でも一週間程度の休みをとるのが普通だ。家族旅行に出かけたり、実家に帰ったりする人も多い。しばらく閉店となる店舗も少なくない。自宅で食べるものがなくなって困らないためにも、休暇前のスーパーマーケットでの買い出しは必須だ。ロサンゼルスでも、かつて駐在していたニューヨークでも、喧騒《けんそう》に包まれた大都市がこの時期には静かになる。それは、普段は大勢の人々が行きかう東京が年末年始になるとひっそりするのと同様だ。

アメリカ人にとっては感謝祭の休暇が、日本人にとっての正月休みのように、一年を通じて最も重要な休暇のようだ。アメリカの感謝祭では七面鳥の丸焼きというご馳走《ちそう》を囲んで家族が集まることが多い。一方、日本の正月に囲むのは、色鮮やかなおせちだろうか。ご馳走を囲んで家族が集まるという点が、それぞれの文化での休暇の重要性を象徴している。

アメリカでは感謝祭が終わっても休みモードは続く。次は一二月のクリスマス休暇だ。感謝祭が終わると、NHKロサンゼルス支局が入るビルのロビーには早速、優に高さ三メートルはあるクリスマスツリーが飾られた。ショッピングモールの吹き抜けにあるような大きなツリーだ。アメリカではユダヤ教徒も多い。ビルの受付のカウンターには、メノラーと呼ばれるユダヤ教の燭台《しょくだい》も置かれた。クリスマス休暇は、一二月二五日前後から一月一日まで一週間ほど取得する人が多い。そして一月二日からは普通に働く。店舗も普段通りに営業し、世の中の空気は一気に平常モードに戻る。

一二月中旬は、あわせて一カ月余りに及ぶ冬休みモードのほぼ中間点だ。空港では、大きな荷物を抱えた人の姿が目立った。特にこの年は、新型コロナウイルス感染拡大が収束し、三年間我慢していた長期の旅行を楽しもうという人が一気に動き出した時だ。近所のアメリカ人たちを見ても、アメリカ大陸を横断して東海岸に行く人、さらに大西洋を越えてヨーロッパに行く人、日本に向かう人など、まさに長期旅行ラッシュだった。

冬休みモードは、筆者たちの職場でもほぼ全開だった。特にこの年は一一月に中間選挙の取材を終えたばかりだ。アメリカの中間選挙は、四年間の大統領任期の中間の年に行われる。連邦議会では下院議員が全員改選される他、任期満了となった上院議員の選挙も行われる。大統領の政権運営に直接的な影響を及ぼすのは上下両院の選挙結果だが、同日に行われる知事選挙にも関心が集まる。特に民主・共和両党の勢力が拮抗《きっこう》しているスイングステートと呼ばれる州の結果は、二年後の大統領選挙の趨勢《すうせい》を予測するにあたって重要な情報だ。

中間選挙が終わると、政治を扱うアメリカのメディアの関心は、早速二年後の大統領選挙に向けた動きに向かう。まず出てくる記事は、その時点での有力候補に関するものだ。現職の大統領が一期目の場合は、二期目を目指すのが通例だ。民主・共和両党の大統領選挙の候補者選びは、大統領選挙の年の一月以降、順次各州で行われるそれぞれの政党の予備選挙または党員集会で候補者が絞られていく。最初は中西部アイオワ州、次は東部ニューハンプシャー州などという順で行われ、三月にはスーパーチューズデーと呼ばれる日がある。各州の予備選挙や党員集会が集中して行われる日で、二〇二四年は野党・共和党では一五州で投票が行われた。州の数だけを見ても、全体の三分の一近くの山場だ。二〇二四年の共和党の候補者選びでは、スーパーチューズデーでトランプ前大統領が圧勝した。そして、夏に行われる両党の党大会で正式に候補者が決まるという流れだ。ただ、候補者を選ぶ投票そのものは大統領選挙の年に行われるが、大統領を目指す政治家同士の事実上の争いはそれ以前から始まっている。それを告げるのが、有力候補を紹介する記事だ。中間選挙の終わりは大統領選挙の始まりなのだ。

さて、大統領を目指し立候補を表明するには、資質の裏付けとなる政治家としての実績が重要なのは言うまでもない。ここで効いてくるのが州知事という経歴だ。知事選挙が重要なのは、民主党と共和党のどちらがより多くの票を得たのかという結果だけではない。むしろ、国民にとっては、大統領になる可能性のある政治家の目利きという要素の方が大きい。歴代大統領の就任前の経歴を見ると、アメリカの大統領になるには、州知事あるいは州ごとに選出される連邦上院議員を務めることが、ある意味「必須科目」とされてきた。バイデン大統領は東部デラウェア州選出の上院議員、オバマ大統領は中西部イリノイ州選出の上院議員だった。遡《さかのぼ》れば、オバマ氏の先代のジョージ・W・ブッシュ大統領は南部テキサス州の知事、ビル・クリントン大統領は南部アーカンソー州の知事を経験した。二〇二四年の大統領選挙に向けて共和党からの立候補を表明していた顔ぶれでは、ロン・デサンティス氏は現職の南部フロリダ州知事だ。ニッキー・ヘイリー氏はトランプ政権での国連大使と紹介されることが多いが、その前は南部サウスカロライナ州知事だった。一方で、トランプ氏はこうした役職を経ずに大統領になったという点でも異色だ。アメリカの州は大小さまざまだが、例えばカリフォルニア州は人口が最も多く三九〇〇万人余り（アメリカ国勢調査局、二〇二二年調べ）で、人口で見れば、カナダ一国全体の約四〇〇〇万人とほぼ同じだ。また、カリフォルニア州の経済規模を説明する時、現在のギャビン・ニューサム知事は、「世界で五番目に大きいカリフォルニア州の経済」という表現を使う。確かにヨーロッパの国々に匹敵する経済規模をカリフォルニア州は誇っている。それだけの規模の地域の代表として選挙で選ばれ、政治手腕を振るう。そんなカリフォルニア州から連邦上院議員に選ばれ、副大統領という要職を務め、大統領選挙に臨むカマラ・ハリス氏は、十分な「有資格者」だ。

日本の政治では、自民党から総理大臣になるには、重要閣僚や党幹事長など権限の大きなポストを経験することが「必須科目」とされている。「必須科目」をこなしていく中で、将来のリーダー候補として、世の中で認識されていく点は、両国とも共通だ。日本では、誰もが認める総理大臣候補になるとテレビ・新聞各社が「番記者」をつけるようになる。筆者も、日本の政治を取材する政治部に所属していた時には、いわゆる大物政治家の「番記者」をやったこともある。ただ、政治部の先輩記者からは、「将来各社が番記者をつけることになる政治家を早めに見極め、先に人間関係を作っておくことが大事だ」としばしば指導を受けた。こうした取材の大切さは、取材対象が変わっても、取材する国が変わっても共通だ。大統領候補としての州知事の目利きをすること、その前段階として州知事選挙の候補者の目利きをすることは、アメリカ政治の五年後、一〇年後を展望する上で有効な方法だ。

アメリカの中間選挙について、NHKは、日本の他のメディアと比べて大きなエネルギーを注いでいる。アメリカ大統領の政権運営の行方を見ることは、日米関係だけでなく、日本の経済や社会への直接的あるいは間接的な影響を展望することにつながる。アメリカの日本への影響力はとてつもなく大きい。記者として両国を行き来する中で、その認識は強まるばかりだ。

「ホットスポット」アリゾナ州

冬休みモード全開のロサンゼルス国際空港を飛び立ってから一時間半。降り立ったのは、西部アリゾナ州の州都フェニックスだ。アリゾナ州はカリフォルニア州に隣接しているが、政治風土は異なる。リベラル色が強く、民主党が圧倒的に強いカリフォルニア州に対して、アリゾナ州は民主党と共和党の支持が拮抗するいわゆるスイングステートの一つだ。その州で勝利を収める政党が、選挙のたびに振り子が揺れるように変わることから、こう呼ばれる。どの州がスイングステートになるかは、メディアによって判断が微妙に異なるし、選挙ごとにある程度の変動はあるが、アリゾナ州や隣のネバダ州などは、スイングステートとして扱われることが多い。

スイングステートのアリゾナ州は、二〇二二年一一月の中間選挙では、州知事選挙の行方に全米の注目が集まった。争ったのは民主党のケイティ・ホッブス氏と共和党のケリー・レイク氏。女性候補者同士の争いだった。レイク氏はトランプ前大統領に近いことで知られ、アメリカのメディアでは「ミニ・トランプ」という呼称がつくこともある政治家の一人だ。もし、「ミニ・トランプ」のレイク氏が、州知事として、その権限を行使したら、アリゾナ州ではどのような政治的変動が起きるのだろうか。選挙の持つ意味は、単なる政党の国盗《くにと》り合戦という次元を超えていた。アメリカのメディアは、両候補の発言内容や有権者を対象に随時行われた世論調査の結果を頻繁に伝えていた。

激戦を制したのは民主党のホッブス氏だった。投票結果を見ると、州都のフェニックスを含み、有権者が多いマリコパ郡でレイク氏を上回る票を獲得したことが勝因のようだ。アメリカの行政単位は大きい方から州、郡、市などとなっている。例えば、アメリカのメディアCNNが開票速報番組で各州の情勢分析を行う場合、画面に出てくる「国盗りマップ」は、郡が境界になっていることが多い。現在の日本では、郡は、住所を書く時に使う程度で、行政単位と言われてもピンとこないかもしれないが、広大なアメリカでは、州の一つ下の行政単位として、選挙事務でも保健事務でも、さまざまな場面で重要な機能を果たしている。

さて、今回の選挙では、そのマリコパ郡で電子投票システムの装置に不具合が起きてしまった。投票用紙の印刷が薄く、機械が読みとれなかったという不具合で、多くの投票所で発生した。選挙管理委員会は、有権者に対し問題が解決するまで待つか、別の投票所に行くよう呼びかけたという。また、投票終了後の開票作業については、機械を使っての自動集計は難しいものの、他の方法で集計はできるとして、選挙翌日以降も集計を続けた。アメリカのメディアは、おおむね六日後に、民主党のホッブス氏に当確を打った。最終的な郡の集計結果も、そして州全体の選挙結果でも、民主党のホッブス氏がレイク氏を上回っていたが、レイク氏は敗北を認めなかった。アメリカの選挙では、各メディアによる当確が出た後、敗者が勝者に電話をかけるのが慣例だ。そして、勝者は支持者の前に姿を現した際、「先ほど相手候補からお祝いの電話を受けました」などと発言し、支持者が拍手喝采で盛り上がるというのが一連の流れだが、そうはならなかった。

「ミニ・トランプ」のレイク氏の支持者たちは、「民主党が不正操作を行った」と主張し、敗北を認めなかった。これは、「選挙は盗まれた」と叫んで、二〇二〇年の大統領選挙での敗北を認めなかったトランプ氏の支持者とまったく同じパターンだ。レイク氏も二〇二〇年の大統領選挙について、「選挙は盗まれた」と主張している一人だ。長年テレビのキャスターを務め、いつも鮮やかな青色の服を身にまとって登場するレイク氏。「ドレスを着たトランプ」と呼ばれることもあるほどだ。

州知事選挙の投票が行われたのは二〇二二年の一一月八日。まだ一カ月余りしか経《た》っていない。トランプ前大統領やレイク氏、そして、何よりも彼らの支持者にとっては、アリゾナ州はいまだに勝負の決着がついていないホットスポットだった。

保守派団体の「年次総会」

今回アリゾナ州のフェニックスを訪れたのは、保守派の若者団体「ターニング・ポイント・USA」の大規模集会を取材するためだ。「ターニング・ポイント・USA」は、フェニックスに本部を置くNPOだ。団体は年間を通じて全米各地で集会を開いている。ただ、団体のいわば総本山に全米各地から若者たちが集まって、二〇二二年一二月一七日から二〇日までの四日間にわたって行う集会は、いわば「年次総会」の位置づけだ。集会の名称は、「アメリカ・フェスト・2022」。

会場はフェニックスの中心部にあるコンベンション・センターだ。施設の掲示板に表示されているイベントの予定を見ると、普段は見本市やスポーツの試合などが行われている

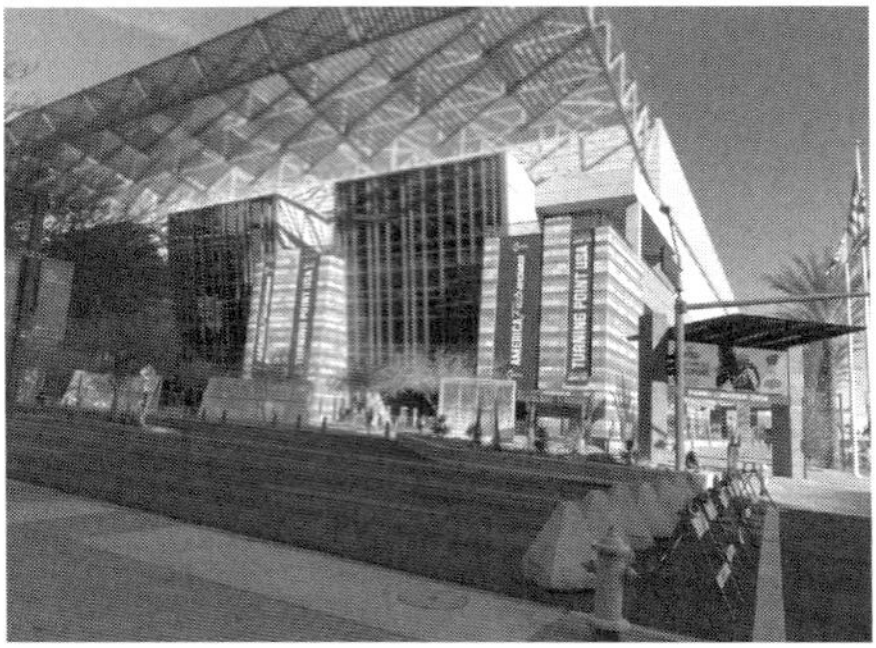

「ターニング・ポイント・USA」集会の会場
（2022年12月17日　アリゾナ州フェニックス　筆者撮影）

ようだ。外壁には、長さ八メートルほどの濃い青色を基調にした垂れ幕が四枚かけられていた。団体のロゴに、白字で「AMERICA Fest 2022」と書かれたものが二枚、アメリカ国旗をアレンジしたデザインのワンポイントに「TURNING POINT USA」と書かれたものが二枚だ。これだけの大規模会場を四日間にわたって使うことだけ見ても、「ターニング・ポイント・USA」が、十分な資金力と組織力を持っていることがわかる。

会場に入ると、早速取材用のプレスパスが渡された。メディア対応も丁寧でフレンドリーだ。テレビカメラは、参加者の動線や視界の妨げにならなければ、どこに設置してもよいし、イベントの途中でカメラマンが移動するのも自由とのことだった。

ここまでくれば、あとは取材をするだけだが、ここに至るまでの手続きが面倒だった。彼らはメディアの選別を行っていたようだ。取材にあたっては、小論文の提出を求められた。彼らの選別基準は、右派のメディアは取材を許可し、左派のメディアは許可しないなどという単純なものではないようだ。アメリカの保守派からは程遠い立ち位置にいるイギリスの公共放送ＢＢＣなどは取材が認められたことがあるようだ。自分たちの主張もありのままに取り上げる中立性があるか、取材の便宜を図るだけの意味がある影響力のあるメディアなのか。彼らの判断基準は、こんなところだろうと想像した。また、これまでの取材経験に基づけば、保守派の団体や教会は、自分たちとはスタンスが異なるメディアに取り上げられることも、ＰＲの一つと考えている節もある気がしていた。ＮＨＫは日本では広く認知されているメディアだが、アメリカではＢＢＣに遠く及ばない。アメリカでは認知度が低いＮＨＫについて、公平・公正を旨とし、日本で最大のネットワークを持ち、アメリカのＰＢＳやイギリスのＢＢＣのような公共放送だと説明することは、これまでの取材で何度も行ってきた。しかし、今回の取材相手は、手の内がよくわからない団体だ。従来の説明だけでは、広報担当に気に留めてもらえるかはわからない。そこまでの英作文の自信はない。このため、今回の取材の申し込みは、アメリカ在住歴二〇年以上の日本人プロデューサーに委ねることにした。彼女が書いた小論文の要点は以下のようなものだ。自分は日本人だが、アメリカ人の夫と結婚し、夫の親戚には軍人が多いこと、アメリカの憲法の理念は素晴らしいと感じていること、新しいことに挑戦するのはアメリカの文化であり、その文化を体現しようとしている「ターニング・ポイント・ＵＳＡ」に関心があることなどである。軍に対する親近感、彼らが金科玉条として掲げる合衆国憲法への共感、アメリカのフロンティア精神の称揚の三点セットで、愛国者を自認する団体への理解をアピールする作戦だった。こうした工夫が功を奏したのか、筆者たちは取材許可証を手に入れた。

今回の集会に参加したのは、全米各地から集まった大学生や高校生などおよそ三〇〇〇人。団体のウェブサイトをチェックしたところ、入場券は完売だった。会場の一角には、縦二メートル、横四メートルほどの大きな全米地図が貼られていた。参加者が、自分がどこから来たか印をつけるためだ。地図を見ると、保守的な政治傾向が強い南部だけでなく、リベラル色が強いカリフォルニア州やハワイ州も含めて、それこそ各地から若者たちが集結していることがわかった。

イベントのパンフレットはＡ５判くらいのサイズだ。表紙には、「IDENTIFY★EMPOWER★ORGANIZE」と書かれている。「自分が何者か認識せよ、力をつけよ、組織を作れ」というところだろう。四日間に及ぶイベントで、自分が真の愛国者であることを認識し、考えを同じくする仲間と共に励ましあい、集会の後は、それぞれの大学や高校に戻って、メンバーを増やすために汗をかこうという今回の集会の狙いが端的に示されている。また、そのスローガンの横には、「#BigGovSucks」つまり「大きな政府は最悪だ」という言葉も書かれている。小さな政府を志向するのは、老若男女問わず保守系が掲げる政治的な主張の一つだ。ハッシュタグがついているのは、ソーシャルメディアでの発信用だ。こうしたところからも、「ターニング・ポイン

「ターニング・ポイント・USA」集会パンフレット（筆者撮影）

ト・ＵＳＡ」が若者のための団体であることがわかる。

ロビーには、団体を支援する企業などブースがいくつも並んでいた。これを見るだけでも、「ターニング・ポイント・ＵＳＡ」が単なる学生団体の全国連絡会ではなく、資金力に裏付けされた団体であることが改めてわかる。中には、ブースからライブを行っている活動家もいる。スペイン語で、「これ以上フェイク・ニュースはいらない」と書かれたブースもある。伝統的な保守系の支持基盤である英語を話す白人だけでなく、スペイン語を話す中南米系にも活動が広がっていることがうかがえる。そして、ブースが軒を連ねている壁には、長さ一〇メートルほどの横長の看板が掲げられている。こちらに書かれているのは、「BIG TECH SUCKS」＝「テック大手は最悪」という言葉だ。マイクロソフトを創業し、国連の活動などにも積極的に関わってきたビル・ゲイツ氏などは、彼らにとっては敵視の対象だ。ただ、「テック大手」は敵でも、ソーシャルメディアなどの「テック」そのものは活用するのが、「ターニング・ポイント・ＵＳＡ」だ。

ブースが並んだエリアを通り抜け、メイン会場に入った。まるで開演前のロックコンサートの会場のようだ。ステージに向かって座席が整然と並べられている。今回のイベントの参加者は主催者発表で三〇〇〇人。全員が座れるのかはわからないが、ざっと見たところ二〇〇〇人くらいは座れそうな会場だ。天井からの照明は青色だが、照射されている本数が少ないためか、会場は海の中のような幻想的な雰囲気だ。いたるところにスクリーンが掲げられ、イベントのロゴやスローガンが映し出されている。文字のデザインは、ハンバーガーやサンドイッチ、あるいはクラムチャウダーでも出てきそうなアメリカン・ダイナーの窓に掲げられているネオンサインのようだ。アメリカの古き良き時代の雰囲気を醸し出しているようにも見える。こうした空間を貫くように、青色や赤色の細いスポットライトが何本も照射されている。青や赤は星条旗を意味しているのだろう。座席は徐々に埋まってきた。ビートの効いた音楽が流れ、体でリズムをとりながら開幕を今か今かと待って

支援企業・団体のブースが並ぶ
（2022年12月19日　アリゾナ州フェニックス　筆者撮影）

いる若い女性たちの姿も見える。いよいよ開幕のようだ。

力強くクールな愛国心の演出

オープニングで最初に出てきたのは男性のギタリストだった。ステージは暗転したままだ。三方向からの白いスポットライトが、立って演奏するギタリストに当たる。黒の長そでシャツに、ジーンズ、長いひげを蓄えた彼は、カントリーかサザン・ロックの歌手のような風貌だ。軽くひずませたサウンドで、アメリカ国歌を演奏した。ギターによるアメリカ国歌の演奏で有名なのは、伝説のギタリスト、ジミ・ヘンドリックスだ。彼が迫力あるサウンドでアメリカ国歌を演奏していたのは、ベトナム戦争を続けるアメリカ政府に対する抗議、あるいは、アメリカ社会の混迷を表現する意味だったと解釈する向きも当時あったようだ。一方で、今、自分の目の前で繰り広げられる演奏に込められた思いは、どのようなものだろうか。アメリカという国の力強さへの賛美、あるいは愛国心の告白というところだろうか。そんなことを考えながら演奏を聴いていた。アメリカでは、イベントの冒頭でアメリカ国歌がよく演奏される。歌手が出てきて朗々と歌い上げることが多いが、今

SF映画のような演出　（2022年12月17日　アリゾナ州フェニックス　NHK素材）

回のギター演奏は、そうした従来の演出よりも力強くかつクールな印象を受けた。ここでの「クール」は、冷たいというよりは、格好いいという意味だ。アメリカ人と話していると、この表現を聞くことが非常に多い。

力強くかつクールに愛国心を訴える演出は続く。ギタリストが引っ込むと、ステージ正面のスクリーンには、SF映画の予告編のような勇ましいビデオが映し出された。ナレーションは、「世界には分断と恐怖があふれ、我々を混乱に陥れている。この状況が続けば、アメリカの未来はどうなるのか」と切り出す。ナレーションは続く。標的は中国だ。「時計は前に進んだ。中国共産党がアメリカの国土を侵略してきた。

スクリーンに習近平国家主席を思わせる人物が登場
（2022年12月17日　アリゾナ州フェニックス　NHK素材）

中国は一人っ子政策を続けている。政策に違反した者は中絶を迫られる」と、まるでSF映画で邪悪な帝国のエイリアンが地球を攻めてきたかのような調子で、中国に対する恐怖心や敵対心を煽《あお》る。高層ビルが立ち並ぶ街中に設けられた高さ一〇メートル、幅一五メートルほどの大きさはあろうかと思われるスクリーンには、中国の習近平国家主席を思わせる人物が映っている。その画面は赤一色だ。アメリカは中国に占領され、中国の習主席がアメリカ国民に向かってテレビ演説を行っているイメージだ。

しかし、強いアメリカは邪悪な敵には、決

して屈しない。ビデオのナレーションは、アメリカの若者たちにこう呼びかける。トーンは、高齢の賢者が、愛国心あふれる若者たちに語りかけているような感じだ。

「アメリカが邪悪な者を見くだすのを躊躇《ちゅうちょ》したことはなかった。勇敢な者たちは立ち上がって反撃し、我々の独立を守るであろう」

保守系の人々の間で、「善良と邪悪」の対立構造は重要で、しばしば登場する。英語ではgoodとevilだ。自分たちは常に善良な側にいる。一方、自分たちと敵対する勢力はすべて邪悪であり、こうした対立構造で敵対心を煽るというのが、よくあるパターンだ。

さらに踏み込めば、自分たちの善良さの裏付けとして「神」がいる。アメリカの保守派が主張する「保守の価値観」とは、キリスト教国家として成立したアメリカ建国当時の精神に帰ろうということでもある。例えば、一ドル紙幣を見れば、「IN GOD WE TRUST」(我々は神を信じる)と書かれている。また、アメリカでは、それこそ小学校の全校集会でも行われる「忠誠の誓い」の文言も象徴的だ。「忠誠の誓い」は、右手を胸の上に当てて国旗に向かって行う。「忠誠の誓い」の文言は、「私はアメリカ合衆国の国旗と、その国旗が象徴する共和国、神の下に一つとなって分かたれず、全ての人に自由と正義が約束された国に忠誠を誓います」（AMERICAN CENTER JAPANのウェブサイトより）という短いものだ。唱える機会が多いので、小学生でも暗記しているのが普通だ。ここにも「神の下に」という表現がある。多民族化が進んだ現代のアメリカでは、ここで言う神とは何を指すのかという論争はあるのだが、日常生活の中で、アメリカは、もともとはキリスト教国家だったのだと感じる機会はしばしばだ。

集会のオープニング・ビデオに戻ろう。次に出てきたのは、アメリカ近現代史の回顧だ。「歴史を通じて、我々の英雄は人生、自由、幸福の追求のために戦ってきた。我々は国家として偉業を成し遂げてきた」というコメントと共に、アメリカの偉大さが強調される。映し出されたのは、一九六九年の人類初の月面着陸の映像だ。アポロ一一号のミッションだ。この偉業を成し遂げたニール・アームストロング船長が言ったとされる「これは一人の人間にとっては小さな一歩だが、人類にとっては偉大な飛躍である」という言葉の前半部分、“one small step for man”というナレーションがつけられた。ソビエト連邦との冷戦の中、宇宙開発において勝利したことを強調した。

次に出てきたのは、冷戦終結を象徴する一九八九年のベルリンの壁の崩壊、そして、その年の初めまで大統領だったロナルド・レーガンだ。ソビエト連邦の最後の指導者ミハイル・ゴルバチョフと共に冷戦を終結に導いたレーガン大統領は、強いアメリカを象徴する政治家として今も人気がある。特にアメリカの復権を訴える保守系の集会では、アイコンとしてしばしば登場する。ナレーションは、「ミスター・ゴルバチョフと共に、この壁を打ち壊した」というシンプルなものだったが、筆者は、ゴルバチョフに、英語の敬称「ミスター」がついている点が注目すべき点だと思った。ゴルバチョフ氏は、ソビエト連邦という邪悪な国家のリーダーだったが、彼自身は邪悪ではなく、善良な人間だったからこそ、レーガン大統領という偉大なリーダーと手を携えたということなのだろう。

ビデオは、輝かしい勝利の歴史から一転、今に通じるアメリカの厳しい状況を描き出す。出てくるのは、ジョージ・W・ブッシュ大統領だ。二〇〇一年九月一一日に発生したアメリカ同時多発テロ事件（アメリカでは事件のことを発生日に因《ちな》んで、単に「ナイン・イレブン」と言うことが多い）を受けて、「テロとの戦い」を主導したリーダーだ。ビデオではブッシュ大統領の演説の音声が使われているが、発言の中から編集で抜き出されているのは、「今日、我が国は邪悪に直面している。邪悪は、人間の資質として最悪のものだ。アメリカは国の最善を尽くして応じる」という部分だ。ここでも先に説明した邪悪（evil）が出てくる。善良と邪悪という対立構図で、愛国心を煽るというおなじみの手法だ。

そしてビデオはアメリカの厳しい雇用情勢を説明した上で、「自由のために、共に立ち上がろう。我々の未来は危機にある。戦いの準備はできているか」というナレーションで締めくくられた。邪悪な敵と戦えと若者を鼓舞するメッセージは力強く、しかも、それが「スター・ウォーズ」を連想させるような勇壮さを伴っていると感じた。こうした巧妙なメディア戦略も「ターニング・ポイント・USA」が若者を惹《ひ》きつける要素の一つと受け止めた。

正面のスクリーンには、「今こそアメリカを守る時」という文字が現れた。ステージには、大太鼓を前に抱えた鼓笛隊が登場した。アメリカ軍の儀仗《ぎじょう》を想起させる演出だ。低音のブーストが効いた音楽も流れる。若い男子も女子も顔を紅潮させたような表情でステージを注視している。参加者のボルテージが高まってきたようだ。「USA、USA」の合唱が会場に響き渡った。

派手な演出でチャーリー・カーク氏が登場
（2022年12月17日　アリゾナ州フェニックス　NHK素材）

創設者の「一般教書演説」

ステージ上では、ベース音が効いた音楽にあわせて鼓笛隊が展開する中、二〇本ほどの白いスモークが上に向かって勢いよく噴出した。そして、背景の大型スクリーンには、花火が夜空で咲き誇る様子が映し出される。お待ちかねの団体創設者、チャーリー・カーク氏が登壇した。わずか一八歳の時に「ターニング・ポイント・ＵＳＡ」を創設し、一〇年余りで、全米三五〇〇の大学と一八〇〇を超える高校にメンバーがいる団体にまで成長させたカリスマだ。この日のカーク氏は、白のワイシャツに、赤のネクタイ、黒に近い青色のダークスーツ、黒の革靴というトラディショナルなスタイルで登場した。アメリカ国旗を連想させる三色のカラー・コーディネーション、特に赤のネクタイは、保守系のアイコンだ。

カーク氏が印象的なのは、その若々しさだ。アメリカの白人としては標準的な身長に見えるが、スーツをパリッと着こなし、颯爽《さっそう》としている。そして、これだけ大きな組織のリーダーでありながら、彼はまだ二九歳なのだ。若者にとって、カーク氏の演説を聞く時の気持ちは、自分たちの親世代、あるいは祖父母世代の政治家の演説を聞いている時とはまったく異なるはずだ。若きカリスマは、大学生から見れば、卒業して六、七年が経ち、今は社会人として活躍している頼もしい先輩というところだろうか。高校生から見れば、滑舌良く授業を展開する爽やかで知的な雰囲気を漂わせる憧れの塾講師のような存在だろう。団体の広報文を見ると、カーク氏の脇を固めるメンバーも、男女問わず、若さと力強さにあふれていて、これが若者を惹きつける原動力の一つになっているようだ。

チャーリー・カーク氏
（2022年12月17日
アリゾナ州フェニックス　NHK素材）

「ターニング・ポイント・USA」は全米各地で集会を開いているが、今回取材している「アメリカ・フェスト」は、年間を通じて最大規模だ。つまり、ここで行われるカーク氏の演説は、団体にとって非常に重要な意味を持つ。今後一年間の活動方針を示すいわば一般教書演説のようなものだ。カーク氏は、演説の冒頭、上映されたばかりのビデオへの賛辞を述べた後、こう切り出した。

「我々は今、我々の国の歴史にとって非常に重要な時にいる。我々には、保守の運動としてのビジョンが必要だ。これからの数日間で、我々はなぜ戦っているのか、そして、なぜ、資金、エネルギー、時間をこんなにも費やしているのかを深く考えよう」

「非常に重要な時」という表現は、アメリカは分岐点、つまり団体の名称の通り、ターニ

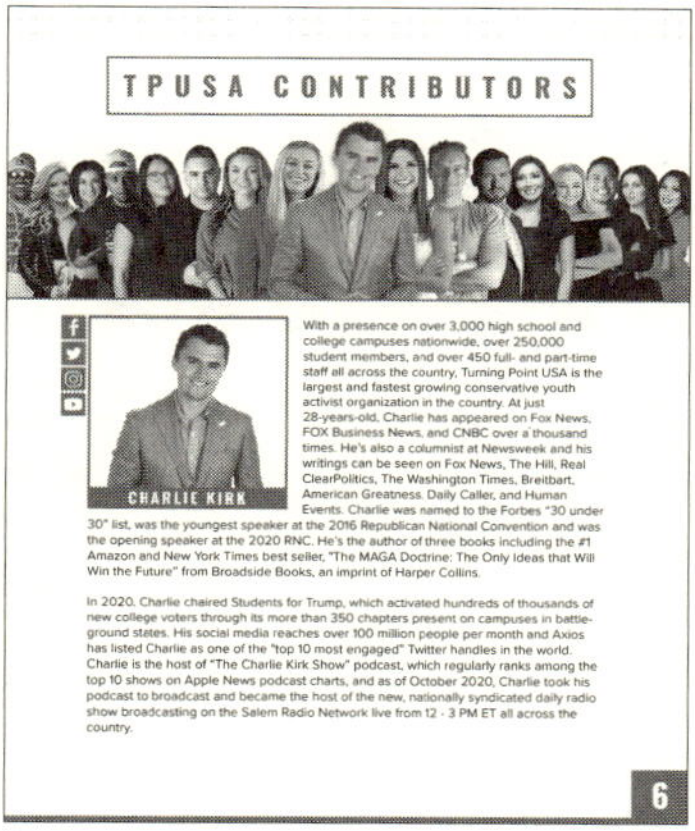

「ターニング・ポイント・USA」の広報文

ング・ポイントにあるという問題提起だ。今回の集会のスローガンは、「IDENTIFY★EMPOWER★ORGANIZE」＝「自分が何者か認識せよ、力をつけよ、組織を作れ」だ。演説では、これらに対する基本的な考え方が示された。カーク氏の演説は力強くかつ論理構成がシンプルで、団体の立ち位置や方向性を明快に示していた。

教育現場からの「革命」

カーク氏が最初に取り上げたテーマは教育だ。教育は言うまでもなく大学生や高校生にとって身近だ。学生という若い力を使って、ある意味扇動して、教育現場からの「革命」、つまり、下からの革命を目指すのが、「ターニング・ポイント・USA」の運動論だと受け止めた。カーク氏は、ここではホームスクーリングと教育委員会を取り上げた。

ホームスクーリングというのは、子供を学校に行かせるのではなく、同じ内容を自宅で両親などが教える制度のことだ。アメリカは国土が広大なこともあり、ホームスクーリングを選ぶという判断は特殊なことではない。かつての西部開拓時代には、同じ学校に何年間も子供を通わせることは、物理的にも難しかっただろう。そうした歴史的な背景もあるのだ。

ただ、現代のアメリカの保守派にとって、ホームスクーリングは別の政治的な意味も持つ。それは、彼らの視点で見れば、「左翼化した学校教育から子供を守る」ということだ。アメリカでは、例えばカリフォルニア州のようなリベラル色が強い地域では、多様性の尊重が重視されている。近年日本でも関心が高まっている「ＬＧＢＴＱ」という言葉に代表されるセクシャルマイノリティーに対する意識がその代表例だ。

しかし、保守派の価値観はキリスト教に基づき、彼らによる解釈では、人間の性として存在するのは異性愛者の男性と女性だけであり、それ以外の概念を子供に教えることは危険なのだ。

カーク氏の演説では、ホームスクーリングについて、演説の導入部分に続いて、軽い感じで言及があった。カーク氏が、「この会場には、大胆にそして勇気を持ってホームスクールへの歩みを進めたお母さんやお父さんはいますか」と問いかけると、会場から大きな拍手と歓声が上がった。会場には、若者だけでなく、引率者などの大人も一定数いるようだ。保守派の間では、ホームスクーリングが一種のトレンドになっていることは、会場で響いた拍手の大きさから推測できた。子供を危険な教育から守ろうという意思表示だ。まずは、ホームスクーリングへの称賛で、会場は連帯感を強めた。

カーク氏が次に取り上げたのが、教育委員会への関与の重要性だ。日本の教育委員会の制度では、教育長と委員は、都道府県知事や市町村長が任命する。任命にあたっては議会の同意が必要だが、名簿を示すのは自治体の長だ。これに対して、アメリカでは、地域によって制度はさまざまだが、カーク氏が言及したのは、教育委員を選挙で選ぶ制度が導入されていれば、そこで何をすべきかということだ。教育機関のトップになるためには、選挙という有権者の審判を受けなければならない。

中央集権的な要素が強い日本では、教育は、全国どこでも一定水準の教育を受けられるようにするためとして、文部科学省が学習指導要領を定め、少なくとも公立の学校では、この枠を飛び出すことは難しい。教育以外では、警察の制度を見てみる。日本では、都道府県単位で警察機構が設けられているが、実際には、各地の本部長は警察庁のキャリア組が就任することがほとんどで、ここでも上意下達がきくようになっている。これに対して、アメリカでは、地域の警察のトップは選挙で決められている。ここは中央集権と地方分権の是非を議論する場ではないが、確認しておきたいのは、アメリカでは、日本に比べて地方自治の原則がはるかに重視されていること、そして、それを担保するために、日本よりも多くの種類の公職について選挙が行われているということだ。

若きカリスマは、ここでも会場への呼びかけを行うことで、参加者の一体感を強めていく。カーク氏は、「ここには、教育委員会の選挙に立候補した人がたくさんいると思います。この前の中間選挙までのタイミングで候補者となり、扉を叩《たた》いた人たちです」と語りかけた。

なぜ、教育委員会の選挙が重要なのか。ここからカーク氏は、敵視すべき思想について、過激な言葉を使って論を展開していく。

「我々の敵であるマルクス主義、全体主義の左翼は、毒、憎悪、暗闇、憤慨、傲慢、そして絶望に満ちています。この後、皆さんは、我々の素晴らしい登壇者たちから、全体主義の左翼たちがどのようにして我々の制度を奪い取ったのか、そして、彼らがどのように卑しいクリティカル・レイス・セオリー、このナンセンスで woke なものを子供たちに教えているのか、話を聞くことになるでしょう」

クリティカル・レイス・セオリー（Critical Race Theory）は、批判的人種理論などと訳される。アメリカでは頭文字をとって、CRTと表記されることもある。アメリカ社会には、かつての奴隷制に代表されるように人種差別的な仕組みがもともと組み込まれているのだから、それを前提として、批判的な視点で人種差別問題を考えようという理論だ。大学や大学院で教えられるレベルの高度な理論であり、小学校や中学校で教えるものではない。しかし、保守派は、奴隷制度について、黒人が正しくて、白人が悪者などと教えるのは、白人の子供が可哀《かわい》そうであり、いわば逆差別だなどとして、リベラルなどを非難する際にCRTを槍玉《やりだま》に挙げている。

次に出てきたwokeも保守派がリベラルなどを攻撃する際のキーワードだ。wakeという動詞に由来する言葉であり、形容詞として使われている。この単語には、単に目が覚めるという意味だけでなく、気付くという意味もある。英英辞典では、アメリカのスラングであり、「重要な社会の事実や課題（特に人種や社会正義について）気付き、そして、積極的に注意を払っていること」（Merriam-Websterのウェブサイトより）という意味の形容詞と説明されている。

さらに、この辞典では二つ目の用法として、批判的に使われるとして、「(人種や社会正義の問題で)政治的にリベラルやプログレッシブなこと」という意味の形容詞だとの説明もある。辞書に掲載されていることからも、すでに政治的な言葉としてアメリカ社会に定着していることがわかる。

クリティカル・レイス・セオリー(CRT)とwokeは、いずれも保守派が教育問題でリベラルやプログレッシブを批判する際の代表的なキーワードだ。「ターニング・ポイント・USA」に限らず、保守派の集会で、これらのキーワードを使って演説を行うと、会場は盛り上がる。

キャンパスを攻略せよ

次にカーク氏が強調したのが、勢力を拡大するためには、政治思想の異なる勢力との衝突も辞さないという攻撃的な姿勢だ。カーク氏はこう説く。

「『ターニング・ポイント・USA』がアメリカで最も重要な組織だと信じている理由の

一つが、我々が、保守派が多数を占めているわけではない場所に出向いていることです。我々は、すぐに取り組まなければならないという意識を持って、イデオロギーという点でも哲学という点でも、我々が少数派である場所に行き、積極的に行動しています。我々は歓迎されません。しかし、そういう場所で我々は勝利を収めています。『ターニング・ポイント・USA』の学生や支部はこうした取り組みを毎日行っているのです」

彼らが言うところの積極性とは、自分たちの信じることだけが正しいと声高に叫ぶことだろう。異なる意見に耳を傾け、冷静に対話を試みる姿勢は見えない。そして、その結果の勝利とは何だろうか。ここには、考えが異なる人の共感を得たという喜びは含まれない。むしろ、相手の論理の脆弱《ぜいじゃく》な点を徹底的に攻撃することで、論破したという優越感だ。対話によって、相手との距離を縮める必要はない。論破することで、分断を深めても構わない。なぜなら、自分たちが信じていることは正しいからだ。そんな独善的な思いを感じた。それはまるで、ある宗教を固く信じる者が、新たな信者を獲得しようと、なりふり構わず勧誘してくる時のようでもある。彼らが拠《よ》り所《どころ》とするキリスト教によせると、聖地エルサレムをイスラム教から奪還することを使命とした中世ヨーロッパの十字軍を想起させ

ビデオを見せながら状況を説明するチャーリー・カーク氏
（2022年12月17日　アリゾナ州フェニックス　NHK素材）

る。

大学での闘争の好事例としてカーク氏が取り上げたのが、この集会の三週間ほど前、アリゾナ州の隣、西部ニューメキシコ州の大学で起きたことだった。州最大の都市アルバカーキにあるニューメキシコ大学で、「ターニング・ポイント・USA」の支部がカーク氏を招いて集会を開こうとした際、集会に反対する抗議デモが発生し、警察が出動する事態になった。カーク氏は、現場で撮影されたビデオも使いながら当時の状況を説明し、この闘争の重要性を語った。

「我々の素晴らしい『ターニング・ポイント・USA』の学生たちは、言論の自由、アメリカ合衆国憲法、そして保守の理念について集会を開こうとしていました」

彼らのいわゆる錦の御旗《みはた》は、アメリカ合衆国の理念が書かれた憲法だ。特に言論の自由が定められた修正第一条は、保守派が自分たちの行動の正当性を主張する時に引用する重要な条文の一つだ。ニューメキシコ大学での衝突のように、社会の安寧が保たれない事態になっても、「言論の自由」を根拠に、自分たちの主張を展開するための集会を強行しようとする。修正第一条は、「連邦議会は、国教を定めまたは自由な宗教活動を禁止する法律、言論または出版の自由を制限する法律、ならびに国民が平穏に集会する権利および苦痛の救済を求めて政府に請願する権利を制限する法律は、これを制定してはならない」（AMERICAN CENTER JAPANのウェブサイトより）というものだ。

カーク氏の説明が熱を帯びてきた。

「我々は、こうしたテロリストたちが、我々の活動を阻止しようとしたのを認めませんでした。そして、我々は彼らに対し、『おい、もし、大学のキャンパスでドメスティック・テロリストのような行動をしようとしたら、我々はお前たちを容赦なく嘲笑することになるだろう』と言い放ちました。我々は平和を求め、彼らに対して愛を示しました。そして我々は勝利したのです。ニューメキシコ州の『ターニング・ポイント・USA』のリーダーたちは本当のヒーローです。そして、こうしたヒーローたちが教室という教室を毎日回り、勢力を広げていくのです」

平和を求め、愛を示し、勝利したという言葉だけを聞くと、相手に寄り添って共感を引き出したように思えるかもしれない。しかし、現場にいた筆者にはまったく逆に聞こえた。筆者が感じたのは、やはり、保守系の人たちが好む「善良と邪悪」の対立構造だ。自分たちは善良の側にいるから、愛の伝道師の役割を果たしていた。一方、抗議してきた学生たちは、邪悪の側にいる。アメリカ国内で事件を起こす危険なドメスティック・テロリストのようなものだという認識だ。ここにも、対立する思想との対話という選択肢はないようだ。むしろ、対立を煽ることでエネルギーを増幅させているのだ。そして、カーク氏の演説は、保守派の価値観という核心に入っていった。

保守派のビジョンとは

カーク氏が強調したのは、アメリカの古き良き伝統が、リベラルやプログレッシブの勢力拡大で破壊されているという保守派の危機感だ。彼らは、キリスト教に根差した価値観がアメリカの伝統と考えている。かつての名作テレビドラマ「大草原の小さな家」のようなイメージだ。保守派が信じる理想郷とは、父親がいて、母親がいて、子供は一人っ子ではなく、何人もいて、お互いは愛情で固く結ばれている。家族全員がキリスト教を深く信仰し、日曜日には揃《そろ》って礼拝に行く。そんな幸福感あふれる家庭だ。これに対して、左派的な思想は、進歩的に見えながら、キリスト教的価値観、人間性を否定し、究極的には地球上の人間の存在そのものを否定する恐ろしい思想だと位置づけ、恐怖心や敵対心を煽った。カーク氏の演説はさらに熱を帯び、勢いを増していった。

「彼らのビジョンは絶望と混乱をもたらし、境界線の存在を否定しています。全体主義者の左派が求めているのは、神と人間の境界線、男と女の境界線、善と悪の境界線を壊すことです。我々が自由で、安定していて、そして市民中心の社会で暮らせている根拠となっている境界線というものを曖昧にしたいのです。左派の試みの根本にあるのは、子供は少なくても問題ないという考えです。なぜなら、彼らは、人間の存在は環境に悪影響をもたらす汚れだと考えているからです。彼らが教えていることは、『子供がいなくても、ビデオゲームを楽しんで、会社で仕事を評価してもらって、ある程度昇進できれば幸せになれる』ということです。しかし、我々のビジョンは明確で力強いものです。我々は、我々の子供たちが再びアメリカを愛するという国にしたいのです。我々は、親になることが普通で、結婚して子供を持つことが普通な国に住みたいし、そんな国を作りたいし、そんな国に立て直したいのです」

アメリカでも、日本と同様、あるいは日本以上に、男も女も結婚しなければ一人前ではないと考える人は少なくなっていると思う。しかし、アメリカの保守派の価値観では、それは人間として自然なことではないようだ。また、現在のアメリカでは、民主党のバイデン政権のもと、クリーンエネルギーへの投資が進められ、バイデン大統領自身もこうした経済政策をアピールしている。対するカーク氏の演説は、政策論争としての批判ではなく、むしろ、背後に忌み嫌うべき思想があるとすることで、聴衆に左派のビジョンはおぞましいものであるという感情を植え付け、生理的に嫌悪するよう導くことに狙いがあるようだ。その上で、カーク氏は本人が言う通り、明快に敵と味方を峻別《しゅんべつ》した。

「我々の考えは明快です。我々は神の存在を信じています。自然の摂理を信じています。

ＣＲＴには反対、ＷＯＫＥ主義に反対、ＬＧＢＴＱはナンセンスということです。アメリカが大切、自由が大切、次世代に自由を伝える教育が大切、次世代を真理で包むことによって教育しようということです」

自分たちが信じるところの普遍的な価値観を次世代に残す。これは国や地域を問わず、保守派の思想の根幹をなすところだ。例えば、日本の政治に目を向けてみる。安倍晋三総理大臣（当時）が二〇〇六年に行った所信表明演説から一部を抜粋する。

「額に汗して勤勉に働き、家族を愛し、自分の暮らす地域や故郷を良くしたいと思い、日本の未来を信じたいと願っている人々、そしてすべての国民の期待に応える政治を行ってまいります。（中略）私たちの国、日本は、世界に誇りうる美しい自然に恵まれた長い歴史、文化、伝統を持つ国です。その静かな誇りを胸に、今、新たな国創りに向けて、歩み出すときがやってきました。（中略）戦前、戦中生まれの鍛えられた世代、国民や国家のために貢献したいとの熱意あふれる若い人たちとともに、日本を、世界の人々が憧れと尊敬を抱き、子どもたちの世代が自信と誇りを持てる『美しい国、日本』とするため、私は、先頭に立って、全身全霊を傾けて挑戦していく覚悟であります」（衆議院のウェブサイトより）

アメリカでは「偉大な国」、日本では「美しい国」と自国を礼賛している点、そして次世代への伝統の継承を強調している点は共通だ。ただ、愛国心が他者の排斥を主張するものになると意味は大きく異なる。アメリカで「ターニング・ポイント・USA」の活動に対する警戒感が強まっているのは、それが単に愛国心を高揚させるだけでなく、異なる思想を持つ人たちを排斥、さらには、攻撃することも容認しているからだ。それは、人種、宗教、思想などで異なるバックグラウンドを持つ人たちを標的にするヘイトクライムにも共通する。

アイビーリーグ卒より配管工

「ターニング・ポイント・USA」の攻撃の矛先は、愛国心あるいはキリスト教的価値観という観点での「敵」以外にも向けられる。今の社会秩序を維持することで既得権益を享受していると彼らが考える人々、わかりやすい言葉で言えば「勝ち組」だ。

名門校と呼ばれる大学を出ることが、社会的成功への近道と考えられている点は、アメリカも日本も変わらない。ロサンゼルスのある公立小学校の講堂には、卒業生が進学したと思われる各有名大学のペナントが壁に数多く貼られていた。しかし、アメリカの大学は学費が高い。加えて、今のアメリカでは、学部卒では不十分で、大学院で修士号を取得することが、良い就職先を見つけるための条件になっている傾向が強まっているとも感じる。競争がさらに激化する中で、代表的な「勝ち組」に位置づけられるのが、アイビーリーグと呼ばれる著名な大学に進学した若者たちだ。

しかし、「ターニング・ポイント・USA」にとっては、既存の秩序下での「勝ち組」は憎むべき相手だ。親のすねをかじって、名門大学に進学したような人間は、攻撃の対象だ。カーク氏は演説の途中、保守の価値観を説明するくだりで、こんな表現も使ってみせた。

「私は、ハーバード大学やイェール大学を卒業した人よりも、配管工の人たちの方がより優れた賢明さを持っていると思っています」

ちなみにカーク氏は大学に入学はしたが、卒業はしていない。勉強よりも、保守の活動家として生きることに意味を見出《みいだ》したのだろう。大学の卒業証書には価値がないということだし、確かにカーク氏ほどの才能があれば、学歴は関係ない。ただ、その手法は、トランプ前大統領が、例えば、高校までしか出ていない労働者たちを扇動し、熱狂させ、さらに自分への投票に向かわせる手法とも重なった。

一方で興味深いのは、「ターニング・ポイント・USA」の集会に来ている人の多くは、大学生や高校生だ。政治的あるいは思想的な色彩が濃い集会にわざわざ参加しに来るのだから、特に社会に対する意識が高い若者たちとも言える。名門大学に通っている人もいるだろうし、高校を卒業した後は、それこそアイビーリーグに進学する人もいるだろう。高学歴の意味を否定するカーク氏の演説に、彼らが熱狂するのはなぜか。その一つは、アメリカという国が、団体の名称通りのターニング・ポイント、つまり分岐点にある時に、敵対する勢力との戦いに勝利し、その結果として、ある種の革命を成し遂げなければならないという理想郷を渇望する思いからかもしれない。しかし、それだけには留まらず、他にも理由がありそうだ。この集会に参加している若者たちは、将来社会を牽引するリーダーになりたいと思っているようだ。彼らは、高学歴ではない人々を導くことも自分たちの使命と考えているからかもしれない。

彼らが目指す革命の到達点は、アメリカが本来あるべき保守の価値観を取り戻し、再び偉大な国になることだ。到達点は、彼らが忌み嫌う社会主義者とは真逆だ。しかし、急進的な変化を希求する若者のエネルギーや情熱、そして大衆を導かなければならないという使命感には共通点を感じた。

人種差別との関係

偉大なアメリカの復活を掲げるアメリカの保守勢力と言えば、マッチョな白人男性が出てきて星条旗を振り、「USA、USA」と絶叫するなどというのが、一つの典型的なイメージではある。保守派団体の集会に行くと多数を占めるのはやはり白人で、黒人やヒスパニックが過半数を占めることはない。ただ、二〇一六年の大統領選挙でトランプ氏を応援した保守勢力の動き、さらに遡って、二〇一〇年前後に動きが活発化した「ティーパーティ」あたりから、保守系の動きを取り巻く人種の境界線が徐々に曖昧になっていることには留意する必要がある。依然として白人が主流ではあるが、他人種の取り込みが徐々に進んでいるのだ。保守系の各団体の集会やデモ行進に行くと、ヒスパニック、アジア系、さらには黒人など、白人以外の参加者が一定程度いるのを見かける。「ターニング・ポイント・USA」もその流れの中にある。例えば、カーク氏は演説の中で次のように発言している。

「我々が求めるのは、もし、ある人が肌の色で他人を判断していたら、その人は人種差別主義者だと子供たちが教わる国です。我々は、その代わりに、人格を問うべきなのです」

この部分だけを聞くと、彼らが保守系なのかリベラル系なのか判別に迷ってしまうかもしれない。ただし、カーク氏は直前に以下の通り、保守思想にとってより重要なことを述べている。

「私が求めるのは、子供たちが、ジェファーソンやマディソンのことなどを教わる国です。リンカーンのことを教わる国です。独立宣言や憲法などの美しさを教わる国です」

ジェファーソンとは、アメリカ独立宣言の起草者の一人である第三代大統領のトマス・ジェファーソン、マディソンとは憲法の執筆者の一人である第四代大統領のジェームズ・マディソンのことだ。いずれもファウンディング・ファーザーズ（founding fathers）、アメリカ建国の父などと称される人たちだ。さらに、リンカーンは第一六代大統領のエイブラハム・リンカーンを指し、「奴隷解放の父」として知られる。アメリカの保守系は、偉大

大統領の名前は道路につけられることも多い
（2024年1月18日　カリフォルニア州ロサンゼルス　筆者撮影）

な大統領たちを称《たた》える。それはアメリカの偉大な歴史の裏付けでもある。アメリカの偉大な歴史に基づいて保守として最も大切なのはビジョンであると訴えることで、人種の壁を徐々に越えている。

コア・バリュー

思想に人種の壁を越える強靱性を与えているのが価値観だ。価値観は「バリュー」（value）あるいは、「コア・バリュー」（core value）という言葉で表現される。自分の人格をなす根本的な価値観のことだ。「コア・バリュー」という言葉は、外国からの取材者である筆者が、彼らと心理的な距離を縮める時に有用な言葉だ。例えば、集会の取材に来た趣旨を参加者に説明する時に、「皆さんのコア・バリューに関心があるから来ました」と説明すると、すんなり理解してくれる。インタビューでは、「日本の視聴者に向けて、あなたたちのコア・バリューを説明して下さい」と質問すると、彼らの理念を説明してくれる。彼らは真剣に物事を考えているから、「日本の視聴者に」という前提条件がついていると、日本人という外国人に対して、できるだけ簡潔な説明をしようと工夫してしゃべってくれる。一方で「日本のコア・バリューとはどういうものですか」などと逆質問を受けた時には、結構答えるのに苦労したが、お互いのコア・バリューについて話をすることで、コミュニケーションはスムーズに進んだと思う。彼らのコア・バリューに話を戻せば、人種や学歴などといった表面的なことではなく、全人格をもって、自らの根本的な価値観で判断せよということだ。カーク氏というカリスマのこうした教えは、若者たちに強く響いている。

先輩を見て、自分たちの未来を描け

カーク氏の教えは、若者たちにとっては、単なる学生生活の指針に留まらない。人生の指針とさえ言えるかもしれない。今、懸命に活動すれば、卒業後はどのような職業に就くことができるかも示している。これは、「ターニング・ポイント・USA」に留まらず、保守派団体の活動によく見られる傾向だ。保守派団体の運動で頭角を現した若者には、保守系のシンクタンクや財団への就職、議員秘書、さらに頑張れば議員への道も開けるかもしれない。かつて永田町の議員会館を回っていた頃、インターンをしている大学生の姿を見ることがあったが、アメリカの保守系の活動は、それを議員単位ではなく、例えば、巨大な企業グループの財団などの圧倒的な資金力に支えられて、組織的にやっているようだ。そして、これが、詳しくは後述するが、労働者からの組合費に依存していて、財源が脆弱な傾向にあるリベラル系の学生運動と大きく異なる点の一つだ。アメリカの保守系は、大人だけでなく、大学生や高校生といった若者たちもマッチョ志向で、力の信奉者なのだ。

集会の演説で、カーク氏は、「ターニング・ポイント・USA」で活動していた人の中には、連邦下院議員になった先輩もいるとアピールした。その一人が、フロリダ州の選挙区選出のアナ・パウリナ・ルナ下院議員だ。ルナ氏は、集会が開かれた前月、二〇二二年一一月の中間選挙で当選した。カーク氏は、彼女とは三年間一緒に活動したと紹介した。この日は、連邦レベルの議員だけでなく、アリゾナ州で最年少の州議会議員になったとい

アナ・パウリナ・ルナ下院議員
（2022年12月19日　アリゾナ州フェニックス　NHK素材）

う「卒業生」も紹介された。それにしても、発足から一〇年余りで全米に組織網を広げ、さらには国政レベルに自分たちの代表を送り込むまでに成長していることには驚くばかりだ。

アピールの手法は、日本で予備校のカリスマ講師が、「君たちも頑張れば有名大学に入れる」などと鼓舞しているのと似ているようにも感じる。若者たちを一生懸命にさせる手法には、国はあまり関係ないようだ。集会に参加している若者の中には、遠くない未来に議員としてスポットライトを浴びる日を夢見る人も数多くいたことだろう。

黒人女性のカリスマと二枚看板

「ターニング・ポイント・USA」が若者たちを惹きつけているのは、三つの要素だと思う。若さ、力強さ、そしてスタイリッシュであることだ。団体創設者のチャーリー・カーク氏はそれら三要素すべてを体現している。さらに、保守系ならではのマッチョ気質な側面があることも否めない。あまりにもマッチョ気質が強いと女性の取り込みは難しくなるだろうが、そんな弱点にもなりかねない点を補うかのように、カーク氏と共に二枚看板の役目を果たしているのが、黒人女性の若手活動家、キャンディス・オーウェンズ氏だ。

集会では、オーウェンズ氏も、カーク氏と同じように、力強い音楽や勇ましい映像と共に紹介された。ナレーションは、古い表現で恐縮だが、リングにプロレスラーが登場する際の口上のようだ。

「我々の素晴らしき友を紹介したい。母親であり、活動家であり、内面外面共に美しい女性。彼女は、我々の国の未来そのものだ。我々は彼女を愛し、親愛なる友人と呼ぶことを誇りに思う。真の愛国者、ワン・アンド・オンリーのキャンディス・オーウェンズ！」

キャンディス・オーウェンズ氏
（2022年12月19日　アリゾナ州フェニックス　NHK素材）

軽やかなステップと腕を軽く回しながら踊るような動作で、颯爽とステージに登場したオーウェンズ氏は、まだ三〇代前半の活動家だ。彼女が若者たちを惹きつけるのは、発言のシャープさ、力強さだけに留まらない。かつては、ニューヨークのファッション業界で働いていたこともあるという経歴があるオーウェンズ氏は、例えば、白いスニーカーのようなカジュアルなものを履いている時でも、洗練された印象を観衆に与える。筆者はスニーカーの良《よ》し悪《あ》しや価格はよくわからないが、取材に同行していた日本人の女性リサーチャーは、「決して安いものは履いていないと思います」と筆者に耳打ちしてきた。オーウェンズ氏は、まさに若さ、力強さ、スタイリッシュの三要素を完璧に備えた女性のカリスマだ。

黒人であるオーウェンズ氏の政治思想の変遷はとてもユニークだ。もともとはリベラルな思想の持ち主だったが、「黒人は被害者であること」をいつも求められる価値観に疑問を抱くようになって、保守系に転向したという。オーウェンズ氏は、黒人は民主党の呪縛から解き放たれるべきと説く。そして彼女はその動きをBlexitと呼ぶ。黒人を意味するblackと脱出を意味するexitをあわせた造語だ。対立する相手の内情を知っているからだろうか、批判する時の言葉は切れ味が良い。若い頃に共産主義や社会主義に傾倒していた人が、保守派に転向したとたん、批判が舌鋒《ぜっぽう》鋭くなるのと同じだ。

オーウェンズ氏は、まずは会場に集まっている若者たちの不満を代弁してみせた。

「この一〇年間、左派の動きが活発になる中、保守派は静かにしていました。なぜなら、保守派は名指しで批判されることを恐れていたからです。もし、左派の言うことを受け入れなかったら、偏屈と言われたり、人種差別主義者と言われたり、同性愛を嫌っている人などと言われました」

この集会が開かれた二〇二二年の一〇年前は二〇一二年。民主党のオバマ大統領の任期は、二〇〇九年から二〇一七年までだった。オーウェンズ氏が言うところの「この一〇年間」のスタートはオバマ政権の真っ只中《まただなか》ということになる。オバマ大統領はリベラル色が強い大統領だったが、それゆえにかえってリベラル派と保守派の分断が深まったという見方もある。ここに集まっている大学生や高校生は、一〇年前は小学生かせいぜい中学生だったはずで、当時の政治的対立の状況をどれだけ覚えているかは定かではない。ただ、オーウェンズ氏の説明は、保守派が苦境に置かれてきたという認識を共有するには十分だった。

そして、オーウェンズ氏が、リベラル派が極端すぎることの代表例として挙げたのが、性の多様性への向き合い方だ。具体的には、代名詞を性別によってどう使い分けるかについてだ。男性ならばhe、女性ならばsheなどというものだ。大切なのは、自分の性に対する認識だが、オーウェンズ氏は、大学で授業の受講登録をする際にこんなやりとりをしていたら変ではないかと疑問を投げかける。

「授業への登録をする時に、『あなたの氏名の前につけるのは何ですか』と聞かれたら、『一体、私は何者なの』と感じます。『あなたに使う代名詞は何か教えて下さい』と聞いてくる教授から学ぶのに、高い授業料を払うのはどうなのでしょう」

そして、オーウェンズ氏は、リベラル派の中で高学歴を自慢にしているような人たちへの批判も忘れない。高学歴批判はカーク氏と同じだが、オーウェンズ氏はより皮肉を込めて語る。

「『私たちはハーバード大学卒業です』。『私はプリンストン大学卒業です』。『私は学位を持っています』。『私は博士号を持っています』。『私はあなた方より自分が優秀だとわかっています。なぜなら、私は二〇万ドルをかけて、この意味のない一枚の紙を手に入れたからです』」

二〇万ドルは、一ドル一五〇円で計算すれば三〇〇〇万円だ。アメリカは教育費が高く、結局は、裕福な家庭の子供でなければ高学歴を手に入れることは難しいアメリカの実態を訴えている。オーウェンズ氏は、若者たちにこうした既得権益層と戦えと語りかけているのだ。若者たちの中には、いわゆる名門校に通っている人もいるだろうし、親が裕福な人もいるだろう。オーウェンズ氏が学費の高さに言及したことに、少々居心地の悪さを感じた若者もいるかもしれない。ただ、保守派を自認する若者たちは、おしなべて大学がリベラルすぎると考えている。アメリカの大学は問題だらけだというオーウェンズ氏の主張には強く共感したことだろう。

四日間のイベントで有名人が続々登壇

「ターニング・ポイント・USA」の取材準備の段階から驚かされたのが、登壇予定者が豪華だったことだ。豪華というのは、保守派の人たちからすれば、是非とも一度は生で話を聞きたい、可能であれば会場で質問することで直接会話をしてみたいラインナップという意味だ。別に保守系でなくても、それこそリベラルな人でも、政治に少しでも興味があり、ニュースをチェックしているアメリカ人ならば、聞いたことのある名前がずらりと並んでいた。当時、ロサンゼルス支局で筆者の取材を手伝っていたアメリカ人は、非常にリベラルな考えの持ち主で、イベントの概要を説明した時に、肩をすくめて、困ったような表情をしていた。

記憶を呼び戻すために、集会のパンフレットを開いてみた。登壇者紹介のページは一四ページに及ぶ。日本のメディアにも登場したことのある顔ぶれとしては、トランプ前大統領の側近だったスティーブ・バノン氏、保守系メディアの「ＦＯＸニュース」に長年出演していたタッカー・カールソン氏、保守派の重鎮で大統領候補として名前が挙がったこともあるニュート・ギングリッチ元下院議長、トランプ前大統領の息子のドナルド・トランプ・ジュニア氏などが並ぶ。

さらに、二〇二二年一一月の中間選挙で、アリゾナ州知事選挙に立候補し、集会当時は「選挙不正があり、結果はまだ出ていない」と主張していた先述のケリー・レイク氏、三〇代前半でトランプ政権のホワイトハウス報道官を務め、保守派の若い女性たちの憧れの的の一人であるケイリー・マケナニー氏、枕の製造会社「マイ・ピロー」（私の枕）を経営し、トランプ政権下ではホワイトハウスに出入りも許されたというマイク・リンデル氏など総勢四五人に及ぶ。ちなみに、「マイ・ピロー」は、トランプ前大統領が登壇する集会の会場では、ブースが設けられていることが多い。会社のロゴが入った大きなプラスチ

ドナルド・トランプ・ジュニア氏も登壇
（2022年12月18日　アリゾナ州フェニックス　NHK素材）

ック製の袋を持ち歩く参加者の姿をよく見かける。袋の中には「マイ・ピロー」が入っているようだ。そして、リンデル氏は、リベラル色が強いCNNに出演して、著名な司会者と激しい論争を行ったこともある有名人だ。
これだけの顔ぶれは、保守系の人たちからすれば、四日間に及ぶミュージック・フェスティバルで著名なバンドやアーティストが続々と出演するのを見るのと同じ価値がある。若者たちのカリスマから、ギングリッチ氏のような重鎮まで出てきて、若者から中年、高齢者まで満足できるプログラムだ。会場では若者にまじって、引率などと称して高校生と一緒に来ている大人の姿も目立った。社会への

ケイリー・マケナニー氏　（2022年12月18日　アリゾナ州フェニックス　NHK素材）

意識が高い若者たちとはいえ、まだ高校生だ。やはり親を含めて身近な大人の影響力は大きいようだ。

パンフレットでは、見開きでおおむね四人もしくは五人の登壇者が顔写真付きで紹介されていた。ドナルド・トランプ・ジュニア氏は一人で二ページが割かれていた。影響力の大きさ、あるいは知名度の高さがわかる。

改めてパンフレットをめくりながら感じたのは、やはり登壇者は白人が多く、黒人やアジア系がほとんどいないということだ。オーウェンズ氏のような人物もいるが、全体の顔ぶれの中では少数派だ。「ターニング・ポイント・USA」としては、自分たちは人種差別を否定し、理念でまとまっているからこそ、いろいろな人種が登壇していて、メンバーの人種も多様だと主張したいのだろう。これに対して、時々筆者が一緒に仕事をしていたリベラルな考えのリサーチャーに意見を求めたところ、「保守派団体は、自分たちの主張の正当性を失わないために、いわばアリバイとして人種的マイノリティーを入れているだけだと思います」という答えが返ってきた。

さらにパンフレットには、広告があわせて八ページ掲載されていた。銃規制強化反対を訴える団体のものが目立った。さすが保守派の集会だ。女性が片手に銃を持ってポーズをとる写真が添えられたものなど、いかにもという内容だった。

「ドレスを着たトランプ」

登壇者たちが主張するのは、保守思想の重要性、そして、彼らが国を滅ぼすと考えている左派に対する辛辣な批判だ。同じような内容の演説が、朝から夕方まで延々と続く。会場に集まった人たちにとっては、お気に入りの政治家や活動家が次々に出てきて心地良いことを言ってくれるのだから、気分は最高だっただろう。筆者のような取材者は、連日同じような内容の話を聞き続けると少々食傷気味になった。ただ、彼らの主張に対する理解は深まった。登壇者の話は似ている点が多いので、ここでは一人だけ取り上げる。保守系メディア「FOXニュース」で長年キャスターを務めてきたことで知られるタッカー・カールソン氏だ。先に触れたようにカールソン氏は、二〇二三年八月に共和党の主要大統領候補者によるテレビ討論会が開かれた際、討論会を欠席したトランプ前大統領のインタビューを行い、討論会当日にその内容を公開した人物だ。このことからだけでも、トランプ氏にいかに信頼されているかがわかる。さらに二〇二四年に入ってからは、ウクライナ情勢の先行きが見通せない中、ロシアのウラジーミル・プーチン大統領との単独インタビューを行った。バイデン大統領がプーチン大統領への批判を続ける中でのインタビューの実現は、トランプ前大統領とプーチン大統領のコネクションが今も存在することをうかがわせるということで、アメリカでは物議を醸した。

カールソン氏は、集会の初日に登壇した。演説の中で取り上げたのは、先に触れたアリゾナ州知事選挙だ。選挙は、会場に集まる保守派が支持するケリー・レイク氏と民主党の

タッカー・カールソン氏　（2022年12月17日　アリゾナ州フェニックス　NHK素材）

ケイティ・ホッブス氏が激しく争った結果、レイク氏が敗れた。しかし、レイク氏は、選挙は不正だと主張し続け、敗北を認めていなかった。カールソン氏は、「選挙は盗まれた」というレイク氏の主張を擁護した。

「ケリー・レイク氏はとてつもない才能のある人物です。私は投票用の機械に大いなる懸念を持っています。電子投票には完全に反対です。大きなリスクです。もしも、民主主義が大切だと考えているのならば、なぜ投票に機械を使うのでしょうか。極めて多くの不正が行われてきたことを私たちは見てきました」

「ドレスを着たトランプ」とも呼ばれるケリー・レイク氏
（2022年12月18日　アリゾナ州フェニックス　NHK素材）

レイク氏が知事選挙について敗北宣言をしたというニュースは見た記憶がないが、そうこうしているうちに、レイク氏は、次は二〇二四年一一月の大統領選挙と同時に行われる上院議員選挙にアリゾナ州から立候補することを目指すと表明した。二〇二四年、アリゾナ州では、大統領選挙の候補者としてのトランプ氏と「ドレスを着たトランプ」のレイク氏の揃い踏みが、支持者たちを大いに沸かすことになるのだろうか。アリゾナ州は、共和・民主両党の支持が拮抗するいわゆるスイングステートの一つだ。もし実現すれば、彼らのツーショットと支持者たちの歓声は、選挙報道の注目点の一つになるだろう。

著名人が仄《ほの》めかすトランプ氏の強さ

レイク氏をほめちぎったカールソン氏は、一連のスピーチを終えた後、会場からいくつか質問を受けた。やはり出てきたのが、カールソン氏が、共和党の大統領候補選びで、高齢であることに懸念の声も出ているトランプ前大統領を支持するのか、それとも、まだ四〇代でフロリダ州知事のロン・デサンティス氏を支持するのかという質問だった。質問した男性は、「カールソン氏のテレビ番組の大ファンだ」と自己紹介することも忘れなかった。

カールソン氏は、「私が誰を支持するかが、アメリカの有権者にとって大きな意味を持つことはわかっています」と切り出した。そして、まずは、ボクシング界のレジェンド、マイク・タイソン氏にインタビューした時のことを語り始めた。カールソン氏は、マイク・タイソン氏という著名な人物とのエピソードを持ち出し、質問者を含む聴衆の関心をそちらに惹きつけることで、あまりにも直球すぎる質問をはぐらかそうとしているのだと筆者は思った。しかし、しばらくして、カールソン氏は話を本題に戻した。

「正直に言いましょう。ええと、私は誰も支持していません。共和党の予備選挙で何が起きることになるのか、私にはわかりません。私はフロリダ州で多くの時間を過ごしています。デサンティス氏は信じられないほどの素晴らしい仕事をしていると思います。私はカリフォルニア州で育ち、首都ワシントン、ロードアイランド州、アーカンソー州にも住んだことがありますが、知事が誰なのか知らないようなところに住んだことは一度もありません。私はデサンティス氏を愛しています。私が住んでいるフロリダ州のデサンティス知事について多くの人々が言っていることに感銘を受けています」

まずは保守派の若きリーダーの一人と目されるデサンティス氏を称賛したカールソン氏だったが、一通りのことを言い終えると、間髪を容《い》れず、彼が考えるところのトランプ氏の偉大さを澱《よど》みなく、長時間にわたって語った。

「さて、トランプ氏は、二〇一六年の選挙に立候補しました。私はそのことを非常に嬉《うれ》しく思いました。トランプ氏はあらゆることについて、私の視点を完全に変えてくれたからです。例えば、私の父は政府機関で働いていましたが、その頃は冷戦だったので、父はソビエト連邦と戦っていたことになります。当時、NATO＝北大西洋条約機構の存在は重要でした。なぜなら、ソビエト連邦が西ヨーロッパに侵略してくるのを止めていたからです。しかし、その重要性は、一九九一年に終わっていたにもかかわらず、私は、二〇一六年にトランプ氏がこの問題を取り上げるまでは、考えたことすらありませんでした。トランプ氏は、『NATOに何の意味がある』と言い出したのです。これは私にとってとても重要な問題提起でした」

トランプ前大統領は自らを覚醒させてくれたというわけだ。そして、カールソン氏は、トランプ氏とはメディアの同業者として二〇年来の付き合いなので、人柄をよく知っているとした上で、「彼が動物的な喜びを発散させているのが大好きだ」とトランプ氏が放つエネルギーに惹かれていることを告白した。

さらに、リベラルなメディアからトランプ氏に対して多くの批判が出ていることについては、こう擁護してみせた。

「トランプ氏への批判が多いことは私も知っています。しかし、彼も人間です。モンスターのように扱うのは馬鹿げています。最後に私が言いたいのは、彼の洞察力は素晴らしく、彼は完全にオリジナルであるということです」

カールソン氏は「誰も支持しない」としながらも、デサンティス氏についての言及は、自分が住んでいる州の知事として評価しているという程度にしか聞こえなかった。一方、トランプ氏については、自分の人生観がすっかり変わるほどの衝撃を受けたことを明らかにし、彼が唯一無二の存在であることを強調して、会場からの質問への回答を締めくくり、さらには、自分の登壇時間そのものを終えている。トランプ前大統領に対する称賛の畳みかけは、聴衆にとっては、カールソン氏という影響力を持つ人物が、トランプ氏の強さを仄めかしたと受け止められたことであろう。その後、カールソン氏が暗示した通り、トランプ氏は各種世論調査でデサンティス氏を大きく引き離し、デサンティス氏は大統領選挙の候補者選びから撤退した。

保守派は日本贔屓《びいき》？

「トランプ前大統領を支持しているような保守派は人種差別的だ」という批判は正しいのか。少なくとも、一連の取材で出会ったトランプ支持者たちは、彼らとはさまざまな意味で異なるグループに属する筆者の本質的な価値観（コア・バリュー）について、大いに関心を持っていた。少々好戦的な表現を使えば、その人の価値観について説明を聞き、敵か味方か判断させてもらうということなのだろう。彼らは、アメリカ国内では、プログレッシブやリベラルに属する人々との対話は拒否する。外国に目を向けてみると、彼らが共産主義あるいは全体主義などと忌み嫌う国、例えば中国の人々との対話にも、基本的には後ろ向きだろう。一方で、アメリカの保守派と価値観を共有しているかもしれないと期待できる日本人とは、対話を行い、共感しあうことを求める傾向があるように思える。

なぜ、こんなことを書くのか。それは、保守派の集会に出ていると、「日本礼賛」に遭遇することがしばしばあるからだ。仮に、彼らが一〇〇パーセント人種差別主義者だったら、日本人は敵になるが、これまでの取材で、日本人や日本を蔑むような表現は聞いたことがない。カールソン氏も、筆者がそれまでに会ってきた保守派の人たちと同じような感覚を持っているようだ。スピーチの中で、中国はプラスチックゴミで町が汚れているという趣旨の話をした後、日本に言及した。

「もし、何かが美しかったとしたら、それは何を意味するのでしょうか。美は文化を超越します。日本に行ったとします。あなたは、日本語をしゃべらないでしょうし、神道についても多くを知らないでしょう。しかし、神社に行って最初に気付くのは、美しいということです。五〇〇年前の日本の人々は、どのようにして、この建築物を思いついたのでしょうか。あらゆる美は同じなのです。美とは真実です。真実は美しいのです。それは見せかけではなく、本当のことなのです。最上の美しさには実態があるのです」

なぜ、カールソン氏は日本を礼賛するのか。それは、アメリカの保守派と日本の伝統文化は、コア・バリューを共有していると考えているからだ。「美とは真実です」と述べて、日本の神社の「美」と、保守派の人たちが固く信じる「真実」（カールソン氏はtruthという言葉を使っていた）は同質のものだと説く。

保守派の人たちは、リベラル寄りのメディアが、自分たちに都合の良い報道ばかりすることで、「真実」を捻《ね》じ曲げていると考えている。選挙ではリベラル派が不正を行って「真実」の結果をゆがめ、選挙という民主主義の根幹を揺るがしていると認識している。トランプ前大統領が立ち上げたソーシャルメディアの名称は、その名も「Truth Social」、つまり「真実」のソーシャルメディアだ。彼らが信じるところの「真実」は普遍的だ。だから自分たちは正しいという理屈だ。さらに、これは、洋の東西を問わないと彼らは説く。

自分たちは人種差別主義者ではないという主張にもつながっていく。

話が少々横道にそれるが、アメリカでの「日本礼賛」の傾向は、政治思想に関係なく広がっていると感じる。筆者は、二〇〇九年からの三年間ニューヨークに駐在し、しばらく日本で勤務した後、二〇一九年からは四年間ロサンゼルスに駐在したが、二回の駐在期間を比べると、一回目より日本贔屓の人が増えていると感じる。日本に対する関心や理解が全米レベルで広がっていることを実感する。一回目の駐在時は、ニューヨークでも店を選ばないと、美味《おい》しいラーメンにありつくことができなかったが、二回目は、どこでも、例えば南部のテキサス州でラーメン屋に入っても、本格的な味を楽しむことができた。全米レベルでラーメンという食文化が浸透し、アメリカ人にとって身近になっていることを実感した。厨房《ちゅうぼう》に日本人あるいはアジア系と思われるスタッフがゼロでも、しっかりしたラーメンが出てくる。また、最近では、大リーグでの大谷翔平《しょうへい》選手の活躍もプラスに効いている。アメリカでは、一番人気のスポーツが野球だと思ったことはないが、それでも大リーグは大リーグだ。アメリカのスポーツメディアは、大谷選手の一挙手一投足を取り上げ、それこそ軽くお辞儀しただけでも、「これこそ日本の美だ」という調子で報道する。

二〇一九年からの四年間の駐在時は、アジア系住民に対するヘイトクライムは深刻で、少なくない数の日本人も被害に遭ったが、アメリカという国全体としては日本に対する印象は良くなったと感じている。

保守派の価値観の話に戻ろう。彼らは、日本というある意味での理想郷の人々と価値観を共有しているのだから、自分たちは人種差別主義者では断じてないと考える。一方、同じアジア系でも中国のことは、容赦なく批判する。民主主義国家とは大きく異なる中国政府の価値観や政治思想、国としての政策や行動を批判している限りは、必ずしも人種差別的とは断定できないだろう。ただ、中国をかつてのソビエト連邦に代わる邪悪な敵と決めつけて憎悪の度合いを強めているのは、それこそトランプ前大統領が掲げるような「アメリカ第一主義」が持つ排他的要素の表出に他ならない。実際、彼らにとって日本が思想上の理想郷だとしても、日本企業によるアメリカ企業の買収には反対する。二〇二三年一二月、日本製鉄はアメリカの大手鉄鋼メーカー「USスチール」の買収を発表したが、保守派に支えられるトランプ前大統領は、「私なら即座に阻止する」と述べた。さらに、バイデン大統領までが買収反対の声明を出した。バイデン大統領は自由貿易推進の立場かと思っていたが、必ずしもそうではないようだ。大統領選挙が近づく中、国内世論を気にしなければならなかったということなのだろうが、その国内世論の中で、「アメリカ第一主義」が拡散し、浸透していることもうかがえた。

疎外感からの解放を求めて

四日間に及ぶイベントに、なぜ若者たちは全米から集うのか。冬休みともなれば、帰省や旅行、友人とのパーティなどやりたいことはいくらでもあるだろう。アリゾナ州か近隣の州に住んでいるのであればまだしも、遠方から来るのであれば、飛行機代もかかる。アメリカはすでに冬休みモードだから、この時期の航空券は高い。宿泊代も必要だ。こちらも冬休みなど休暇の時期に入ればつり上がるのが常だ。新型コロナウイルス感染拡大でアメリカの物価は一気に高騰した。ホテル代も例外ではない。都市部では、一泊一〇〇ドルで泊まれる安全なホテルはない。いわゆるポストコロナと言われるようになって以降、日本でもホテルの宿泊代は上昇傾向だが、状況はアメリカも同じだ。特にアメリカでは、経済活動あるいは社会活動の再始動が日本よりも早く、物価の高騰が始まるのも早かった印象だ。筆者自身、出張に伴う経費について東京の本部とやりとりをしていて、最終的にはアメリカの状況を理解してもらったものの、金銭感覚について日米間のずれを感じることがしばしばだった。

さて、若者たちが集会に参加するには、時間を何日も使うことになるし、高い旅費も用意しなければならないが、こうしたハードルを乗り越えてでも参加したいという強い動機が彼らにはある。その一つが、学校での疎外感からの解放だ。

彼らは、家庭の教育と学校の教育の乖離《かいり》を強く意識する中で、疎外感を強めている。ここに集う若者たちは、基本的に保守的な家庭で育っている。中には、日曜日は家族で教会に行くというアメリカの伝統的なクリスチャンの家庭で育った若者もいるだろう。これに対して、学校は、概して科学重視であり合理性重視なので、性格上プログレッシブ＝進歩的であろうとする傾向があるだろう。プログレッシブなことの代表例は、最近で言えば、LGBTQという言葉に象徴される性的マイノリティーの人たちが持つアイデンティティへの関心の高まりだ。こうしたプログレッシブな意識の高まりは、保守的なキリスト教の価値観とは一致しないことがしばしばある。ここに集う若者たちは、その違いの大きさに悩んでいるのだ。

「非科学主義」というレッテルへの反論

ＬＧＢＴＱの認識を例にとって、もう少し論を進めよう。学校では、進歩を続ける科学に基づいて物事を考えるべきだとする。こうした思考法でいくと、人間の性は、かつては単純に男女の二種類しかないと定義されていたが、科学の進歩もあって、その類型は多様であることがわかってきた。だから、ＬＧＢＴＱの人たちは、異常でも異端でもなく、普通にいる人たちなのだから、受け入れるのは当然だとする。これに対して、保守的な考え方では、神が創ったのは男と女であり、それ以外は存在しないと考える。

この論点について、集会の会場で、ニューヨーク州の大学から来た二人組の女子学生たちと意見交換を行った。彼女たちは、民主党が強いニューヨーク州という土地柄もあるのか、大学の空気がリベラルすぎて、居場所がないと感じているとのことだった。取材では、相手のフルネームを確認するのが原則だ。彼女たちは、ファーストネームは教えてくれたが、フルネームは勘弁してほしいとのことだった。こんな些細《ささい》なやりとりの中にも、社会の分断の深刻さを感じる。インタビューがテレビで放送されて、それがソーシャルメディアで拡散されて、自分たちと意見が異なる人々からネット上で攻撃されることは避けたいということだろう。このような反応は、ここ最近のアメリカでの取材では割とよくあることだったので、この場では、時間を節約する意味もあって、あえて理由は聞かなかった。そして、ある程度会話が進んだところで、筆者は、彼女たちは聡明だという印象を受けたので、あえて踏み込んだ質問をしてみた。

「あなた方のような保守的な思想の人たちについては、非科学主義者だという批判もあります。ＬＧＢＴＱへの理解がないという批判もあります。こうした批判についてどう考えますか」

筆者の質問に対して、二人組のうちの一人が答えてくれた。彼女は、それまでは淡々としゃべっている印象だったが、ここで、言葉のトーンは一気に力強さを増した。それは、筆者個人に対する批判とは感じられなかった。むしろ、「あまりにも的外れな批判が私たちにはぶつけられている」という社会に対する怒りの感情のように思えた。また、完璧な説明で疑念を払拭しなければならないという意思も感じられた。

「ヒトの性染色体の組み合わせは、XとXYしかなくて、それで性別が決まっています。それは科学的な事実です。こうした科学的なことを知らないで、いろいろな主張をしている人たちこそ、非科学的です。そして、彼らに対して、私は憐《あわ》れみを覚えます」

彼女の答えは簡潔だった。それは確信に満ちているからであろう。そして、彼女の保守派ならではの思想が垣間見える。ここでは三つ指摘したい。

一つ目は、保守派が、自分たちを非科学主義者だと思っていないことだ。アメリカという国家の勝利と栄光の歴史、それは、力への信奉に基づく帝国主義的な勢力拡大の側面があるが、いずれにしても、アメリカの圧倒的な科学に基づく力が根拠となってきた。むしろ、科学信奉はアメリカの伝統的、保守的な価値観と言える面もある。アメリカ建国の父たちの顔ぶれを見てみよう。例えば、ベンジャミン・フランクリンは、アメリカ独立宣言を起草した一人であると同時に、避雷針を発明した人としても知られる。今回の集会の冒頭で上映されたビデオでは、アポロ計画による人類初の月面着陸が、アメリカの栄光の歴史の一幕として華々しく紹介された。これもアメリカの科学がいかに偉大であるかを強調したものだ。

ただし、保守派が信奉するのは、アメリカに栄光をもたらす「攻め」の科学だけだ。アメリカに苦悩をもたらす「守り」の科学は否定する傾向がある。それが顕著に現れたのが、新型コロナウイルス感染拡大によるパンデミックの時だった。民主党のバイデン政権は、科学に基づくとして、マスク着用やワクチン接種を推し進めたが、保守派は、自由の侵害に当たるなどとして応じなかった。

二つ目は、保守派は、科学の進歩そのものは称賛しているが、それは、彼らが考えるところのキリスト教の教義と矛盾しない範囲においてだ。通説をひっくり返して、新しい説で上書きするような進歩は、許容しない傾向が強い。例えば、アメリカでは、進化論を教えることとキリスト教信仰に基づく保守系思想の対立が、長年の社会問題になっている。人間を含む生き物は単純な原始生物から進化してきたとする進化論と、人間は神が創ったとするキリスト教の教えは一致しないからだ。

同様の不一致が、最近の性的マイノリティーをめぐる議論においても見られる。会場での学生の回答は、それを端的に説明している。キリスト教では、神がアダムという男とイブという女を創ったとされている。そこでは、性別は男と女しかない。ヒトの性染色体を見る限りは、ＸＹの組み合わせであれば男性、ＸＸの組み合わせであれば女性となる。ここまでは、科学と保守は矛盾しない。しかし、最近社会的関心が高まっている性的マイノリティーをめぐる議論は、性染色体で性別が単純に二分できるものではなく、上記の組み合わせと異なる性を自らの性として認識している人もいるという点が重要だ。ここで、科学と保守は矛盾をきたし、家庭で保守的な価値観を育んできた人たちにとっては、新しい科学を受容するのには抵抗感が出てくる。

科学の世界を一般の人々にもわかりやすく説明したことで知られるカール・セーガンは、「科学は謙虚で、修正を受け入れる」と主張していたが、保守派にとっては、それまでの常識を否定することは受け入れがたいことのようだ。一方で、性的マイノリティーをめぐって、フランシスコ・ローマ教皇が、二〇二三年二月、同性愛を犯罪とする法律を非難する声明を発表し、「『同性愛の傾向』がある人も神の子であり、教会に歓迎されるべき」（ＢＢＣ日本語版、二〇二三年二月六日）と述べていることも付記しておく。カトリック教会のこうした変革は、アメリカの保守派にはどう見えるのだろうか。彼女たちに、さらに踏み込んで聞くことも頭をよぎったが、学生の口調からは、自分が認めない考えは完全に否定したいという緊迫感が感じられたので、追加の質問はやめることにした。

三つ目は、キリスト教に基づく愛の概念を大切にしていることだ。学生の「憐れみを覚える」という表現がキーワードだ。「汝《なんじ》の隣人を愛せよ」というキリスト教的な考え方で、十分な知識を持たない恵まれない人々に対し、軽蔑や憎悪を抱くのではなく、愛をもって接するべきということなのだろう。突然のインタビューで、しかも答えにくい質問を投げかけられて、感情的に苛立《いらだ》っている面もあっただろう。そのような一種の緊張状態の中においても、こうした表現が出てくるところに、彼女がキリスト教に基づく価値観に育まれてきたことがうかがえた。

就職できないことへの不安

ここに来ている若者たちが感じる疎外感は、単に親しい友人ができないとか、あるいは居場所がないという感情に留まらず、もっと切実な問題のようだ。大学の指導教官から、「このままでは単位をあげることはできない」、あるいは「就職先への推薦状を書いてあげることはできない」と言われるケースもあるという。大学はリベラル色が強すぎるという声は、保守系の集会でよく聞く。彼らからすれば、リベラルな教官たちは、多様性重視と言いながら、自分たちの価値観だけが正しいと決めつけて、「保守派の考えは間違っている」の一点張りだ。そういう行き過ぎの教官もいるのだろう。リベラルやプログレッシブと言われる人たちについては後述するが、こちらの側も、一種の教条主義に陥っているところがあるのかもしれない。

奨学金制度もある保守派活動

「ターニング・ポイント・ＵＳＡ」の集会には、自分の意思というよりは、大人に後押しされる形で来ていた高校生のグループもいた。テキサス州から来たという彼らは、クールなデザインが施されたブースの前で記念撮影をしていた。とても社交的な人たちだと思ったので、引率者と思われる大人に声をかけて、取材を許可してもらった。

高校生たちへの一連のインタビューの中で、一人の高校生が興味深いことを説明してくれた。集会に参加した動機を聞いてみると、「スカラシップ」があったので参加を決めた

ブース前で記念撮影する高校生たち

（2022年12月18日　アリゾナ州フェニックス　筆者撮影）

という。スカラシップは直訳すると奨学金だ。どんなスカラシップかを聞いてみると、飛行機代やホテル代について奨学金制度があり、自分たちは、いわば団体旅行のような形で参加しているという。何か形を変えた修学旅行にも思える。奨学金を出しているのは、地元の教会などのようだ。彼らは、まさに修学旅行のように集会への参加を楽しみ、多くの刺激を受けているようだった。その一人、ヒューストンから来たというセバスチャン・リベラさんはこう語っていた。

「多くの演説から学びを得ています。同じ考えを持つ人たちと一緒にいられて、とても素晴らしい機会になっています。私たち若い世代にとって、次世代の、いわゆるリーダーになるためには、このような集会に参加することが重要だと感じています。なぜなら、世界はスパイラルのように状況が悪くなるばかりだからです」

高校生にとっては、有名人を何人も直接見られる巨大イベントを体験できるというワクワク感は大きいだろう。また、同郷の高校生と一緒に泊まりがけで旅行に出るのは楽しいだろうし、それが飛行機で行くような遠いところとなれば、気分はさらに高まりそうだ。親にとっても、安心できる遠足であり、せっかくの機会だから行ってきたらと子供たちの背中を押しやすいだろう。

一方で、懐疑的な見方をすれば、各種団体が金の力を使って、若者を特定の政治思想に染めようというシステムも垣間見える。特に、高校生という大人の一歩手前のステージにいる若者たちをいざなうのは効果的だろう。高校生で保守系の思想に傾倒した若者が、大学に進学したと同時に急に転向することはあまりないだろう。そういう点では、こうしたいわば青田買いのような手法は、戦略としては有効に思えた。

将来の議員候補？

学校の先生にとって自慢の生徒やお気に入りの生徒がいるのは、日本でもアメリカでも同じらしい。高校生たちのグループに声をかけていると、引率教師と思われる女性から話があった。「特に素晴らしい生徒がいるので、インタビューならば、是非この子にしてほしい」とのことだった。お気に入りの生徒に花を持たせてほしいということなのだろう。

何が素晴らしいのかを聞くと、一一月のベテランズ・デー＝退役軍人の日に、学校の前にたくさんの星条旗を立てるというプロジェクトを提案して実現させたそうだ。とても愛国的な試みだ。アメリカでは、連邦政府が定めた祝日は一一日あるが、このうち、軍人に敬意を表する祝日が二日もある。亡くなった軍人らを追悼する五月のメモリアル・デーと退役軍人に敬意を表する一一月のベテランズ・デーだ。日本では国民の祝日は年間一六日あるが、自衛隊関連は一日もない。こうした違いからも、アメリカという国家や社会における軍の重要性や存在感がうかがえる。筆者の肌感覚では、アメリカでは軍人はリスペクトされている。一般の飛行機に乗る時も、現役の軍人は優先搭乗が認められている。軍人でも特に将校の家庭は、子供にきちんと教育を施している印象がある。例えば、大規模な軍の基地がある地域の公立高校に取材に行くとこんなことがあった。この高校は周辺の他の学校よりも学力レベルが高いという。それは軍関係の家庭の子供が多いからだという説明を地域の人から聞いた。筆者は東京で生まれ育ったが、小学生の頃、国家公務員の宿舎があるエリアの公立小学校は学力が高い児童が多いらしいという話を聞いた記憶がある。その信憑性《しんぴょう》は何とも言えないが、そんな子供の頃の記憶がよみがえった。

さて、男子生徒へのインタビューを薦めてくれた先生曰《いわ》く、彼はとても愛国的だという。多くの星条旗を立てようというのだから、それはそうだろう。筆者たちの前に現れた生徒は、黒縁の眼鏡、赤系統のカーディガンで知的な印象を受けた。テキサス州オースティンから来たジェイス・マンさんだ。早速マイクを向けてみる。非常にはっきりした口調で、プロジェクトの狙いを説明してくれた。

「私たちは、ベテランズ・デーに学校の前にアメリカの国旗を一〇〇本立てることができました。私たちの国のために彼らがささげた犠牲に対して、敬意を表すべきと思ったからです。私たちは、こうしたことにきちんと思いをはせるべきと考えたのです」

取材に応じる高校生のジェイス・マンさん
（2022年12月18日　アリゾナ州フェニックス　NHK素材）

だらだらとしゃべらず、要点をピンポイントで説明してくれる。彼の雄弁さに、これまでの努力と工夫の蓄積を感じた。プロジェクトについて、どう説明すれば多くの賛同者を得られるのか、試行錯誤を重ねてきたはずだ。説明は、回を重ねるごとに洗練され、プロジェクトを無事やり遂げた現在、彼のインタビューに対する答えは、プロジェクトのプレゼンテーションという点で完成の域に達しているのだろう。横では、生徒を紹介してくれた教師が、ニコニコした表情で、生徒のしゃべる内容を聞きながら頷《うなず》いていた。

愛国的なプロジェクトの実現にあたって苦労はなかったのだろうか。普段の学校生活で、リベラルな人たちと付き合う上での悩みなどはないのかを聞いたところ、こんな答えが返ってきた。

「公教育の場で、政治的なことをどう扱うかは、とてもセンシティブな話題です。教師が暗黙のうちに特定の考えを押し付けてくることについては改善が必要だと思います。これは現実の問題なのです。押し付けはやめるべきです」

それほど長い時間ではないインタビューだったが、マンさんは、保守派のいわば英才教育に育まれているエリートという印象を受けた。だからこそ、教師がリベラルな考えを押し付けてきたと感じた時には、特に強い精神的苦痛を感じているのだろう。そんなマンさんだが、今回、大規模な集会に参加したことで、自らが信じる保守派の正当性への思いをさらに強くしたようだ。集会に参加しての感想をこう語ってくれた。

「伝統と保守の価値観を守ることが大切です。民主党やリベラルが私たちの国を破壊している状況は、本当に危険です。今回の集会で、アメリカは地球上で最も偉大な国だと学びました。私たちは、この文化の戦争に勝つために、強くなる必要があります。こういうことを考えるのに、集会はとても良い機会です。私たちはこの国で多くの自由を享受していて、それを当たり前だと思っていますが、決してそうではありません。そのことを忘れないことが大切だと考えています」

アメリカの保守の価値観は、自然発生的なものではなく、闘いによって勝ち取ったものだ。それを守ることが自分たち次世代の使命である。マンさんの思いはこんなところだろう。

インタビューを終えて、グループの一行から離れた後、会場を歩きながら、マンさんの未来について想像を巡らせてみた。大学に進学したら、いきなり首都ワシントンの連邦議員の事務所とはいかなくても、まずは各州にある州議会議員事務所でインターンをやり、キャンパスでは「ターニング・ポイント・USA」の支部長を務めるのかもしれない。大学生活を通じて、政治への思いを一層強くすれば、企業に就職するのではなく、保守系のシンクタンクや議員事務所に職を求めることも選択肢になるだろう。やがては、保守派のホープとして選挙に立候補する日が来るのかもしれない。

戦いの最前線は大学キャンパス

「ターニング・ポイント・USA」のいわば「年次総会」を見たことで、若者たちの熱気は感じることができた。彼らを扇動して熱狂の渦に巻き込む演説も体感できた。各地から集まった多くの若者たちと言葉を交わして、運動が全国規模に広がっていることも理解できた。何よりも、イベントは四日間にも及び、しかも錚々《そうそう》たる顔ぶれが連日登壇していたことから、資金力が並外れていることも容易に想像がついた。

しかし、これだけでは、ニュースの取材としては、「大型イベントを取材してきました」という表面的なもので終わってしまう。もう少し深く掘ってみたかった。わざわざ「年次総会」に出席したいという強い動機を持つ若者たちは、どのように育成されているのだろうか。その現場を見たいと思った。「ターニング・ポイント・USA」には、「アカデミー」という育成機関がある。会場にあった「アカデミー」のブースに顔を出し、担当者にタイミングが合えば取材したい旨を伝えた。また、「ターニング・ポイント・USA」そのものの広報担当にも、どこかの大学の支部を紹介してほしいという依頼も出して、二〇二二年の取材を締めくくった。

年が明けて、二〇二三年になったが、若者たちの取材はしばらくお預けになった。ロサンゼルス支局の特派員は、どの社も毎年一月から三月にかけて、エンターテインメント関係の賞レース取材に追われるからだ。一月には、映画やテレビの「ゴールデングローブ賞」、二月には、アメリカ音楽界最高の栄誉とされる「グラミー賞」、三月には、アメリカ映画界最高の栄誉「アカデミー賞」と発表・授賞式が続いた。

映画の取材には、いわゆる予習も重要だ。最重要とされるアカデミー賞の作品賞候補（一〇作品）、その次に重要とされる監督賞候補（五作品）を中心に、毎シーズンおよそ四〇本の作品を鑑賞していた。一一月頃から計画的に進めないと、とてもこなすことはできない。該当作品を上映している映画館をネットで見つけて、鑑賞のスケジュールを組み立てていく。鑑賞リストを作って、手帳に貼り付け、作品を見終わるたびにチェックをつけるという日々が続いた。

音楽も予習が必要だ。グラミー賞は、専門的・技術的な部門も含めてすべて調べると、一定数の日本人がノミネートされている。これらの作品は、車の運転中に聴いて、耳になじませるようにした。自宅と支局の往復は、道が空いていれば片道三〇分、渋滞していれば一時間近くかかったので、有効活用した。たくさん聴くうちに、自分なりの受賞予想のイメージもできてきた。

映画と音楽に精力を傾けながら、「アカデミー賞」以降の取材についても調整を同時進行で進めた。「ターニング・ポイント・USA」の「アカデミー」は、好意的に思われる反応だったが、日程がなかなか決まらなかった。こうした中で、「ターニング・ポイント・USA」の広報から連絡があり、三月に、ある大学の支部の集会が取材OKとなった。場所は東部ニュージャージー州で、日時は三月二〇日。アカデミー賞の発表・授賞式の八日後だ。タイミングとしては申し分ない。登壇者などの具体的な情報は来ていなかったが、数カ月待った上での先方からのオファーだ。断るという選択肢はなかった。

そして、三月二〇日。ロサンゼルスからの大陸横断フライトで降り立ったのは、ニュージャージー州のニューアーク・リバティー国際空港。ニューヨーク中心部のマンハッタンに直行で行ける鉄道もあり、JFK＝ジョン・F・ケネディ国際空港などと共に、ニューヨークの空の玄関口になっている。東京との直行便もあり、ニューヨーク駐在時には、一時帰国の際にも使っていた懐かしい空港だ。空港内にあるファストフードの店舗のラインナップが、西海岸とは少々異なり、東海岸に来たことを感じる。ターミナルの外に出てみると、三月後半の東海岸はまだ肌寒かった。以前アラスカに行く時に買ったフリースが役立った。ここから三〇分ほどレンタカーを運転して、ニューブランズウィックという町にあるラトガース大学に向かう。

ラトガース大学は、ウェブサイトによると、アメリカで八番目に古い高等教育機関だという。最初の授業が行われたのは、アメリカ合衆国が独立した一七七六年より五年前、一七七一年という伝統校だ。アメリカの公立大学ではトップ一五にランキングされている(U.S.News & World Report, 2024)。私立大学のような巨額の授業料を支払わなくても、レベルの高い教育を受けられるのが特徴だ。ニュージャージー州は、政治的には民主党が比較的強いイメージがあるが、大統領候補の一人として、選挙のたびに名前が取りざたされるクリス・クリスティ氏が州知事を務める(二〇一〇～二〇一八年)など共和党も存在感がある。現在のラトガース大学は、あらゆる宗教に対して開かれているという立場だ。ウェブサイトには「私たちのキャンパスは、キリスト教徒、ムスリム、ユダヤ教徒、ヒンズー教徒、仏教徒、また、それ以外のさまざまな信条と伝統を持つ学生たちを受け入れています」とある。ただ起源はオランダ系の神学にルーツを持つ私立の教育機関だ。そうした点では、キリスト教に根差した歴史がある大学という見方もできる。アメリカは、キリスト教を信じる人たちの国家として成立した。起源は一種の宗教国家とも言える。キリスト教の信条に基づくアメリカへの回帰を掲げる「ターニング・ポイント・USA」の思想と大学の雰囲気のマッチングは悪くなさそうだ。団体のメンバー拡大も順調に進んでいるのだろう。「ターニング・ポイント・USA」の広報が、リベラル系の学生との激しい衝突も予想される大学の支部ではなく、なぜ、ラトガース大学の支部の取材を筆者たちに許可したのか。それは、筆者たちに、団体の活動が順調に進んでいることを撮影してほしいという意図があってのことだろう。そんなことを考えつつ、緑豊かなキャンパスを散策しながら、会場に向かった。

互いを否定するだけの言葉の応酬

ラトガース大学で開かれた「ターニング・ポイント・USA」の集会の会場は、テーブルと椅子がいくつも並べられた学生たちが集うスペースやカフェテリアなどがある建物の一階にある講堂だった。筆者たちは、集会のおよそ二時間前に到着した。まずはカフェテリアで早めの夕食をとる。短時間で済ませたかったのでハンバーガーとフレンチフライにした。食べ終えて、講堂の入り口に行ってみると、警察官さながらの制服に身を包んだ男女が一〇人ほど立っていた。制服の背中には、「ラトガース・ポリス」と書かれている。大学構内の治安維持と安全確保に当たるスクール・ポリスだ。アメリカでは、こうした大学独自の警察のような組織があるのが一般的だ。会場の前には、動線をスムーズにするためのロープが張られている。秩序立ってはいるが、スクール・ポリスがいることから、対立する学生との衝突を避けるため、大学当局が緊張感を持って対応していることがわかる。前述の通り、別の大学では「ターニング・ポイント・USA」とリベラル派の学生が一触即発の事態となっている。少なくとも「ターニング・ポイント・USA」が完全に我が物顔で活動しているというわけではなさそうだった。

建物の内部は暖房が効き、秩序も保たれていたが、建物の外に出ると、寒い風が吹きつける中、「ターニング・ポイント・USA」の集会に批判的な若者たちが一〇人ほど立っているのが見えた。この日の集会の表題は「ライブ・フリー・ツアー」。つまり自由に生きることを掲げていた。これに対して、外に立つ若者たちは、自由とは、あらゆる人々のためのものという趣旨のプラカードを掲げている。特定の思想に共鳴する人だけが享受する自由というのは、本物の自由ではないという批判だ。ラトガース大学は、公立大学であり、あらゆる信教の自由が保障されているとしている。プラカードを掲げる彼らの主張は、大学の理念と一致する。一方で、「ターニング・ポイント・USA」の活動も認められている。彼らの活動の自由も保障されている。それぞれが主張する自由の根拠が、「信教、言論、および出版の自由、平穏に集会する権利、そして苦痛の救済を求めるため政府に請願する権利を保障している」（AMERICAN CENTER JAPANのウェブサイトより）と定めたアメリカ合衆国憲法修正第一条だ。しかし、憲法で保障された「自由」をどう行使するかをめぐって、両者の対立は深刻だ。リベラルな人たちは、「ターニング・ポイント・USA」が主張する自由は、「憲法で保障されている権利なのだから、何を言っても構わない。誰をどう批判しても構わない」という乱暴なものだと捉えている。両者の間で「自由」について、解釈の違いはある。ただ、どちらも国家の理念を明文化したアメリカ合衆国憲法を順守すべきと主張している点は注目しておきたい。理想の国家を実現するという究極の到達点は同じなのだ。アメリカという国家が掲げる自由と平等という理念、それに法的な根拠を与えているアメリカ合衆国憲法、さらに、アメリカ合衆国独立の理念を可視化した象徴としての星条旗、理念を実現するための実力行使機関としての軍に対する敬意、これらに対する共通の思いが、アメリカという国家の完全な分断を最終的に食い止めているとも言える。社会の分断は深刻だが、彼らが共有できている点も、アメリカ社会を理解する上では、押さえておく必要がある。

ある程度の撮影はできたと判断したので、次は建物の反対側に回ってみたが、こちらは緊張感が高まっていた。集会に参加する人たちがすでに八〇人ほどの長い列を作っていた。若者だけでなく、中年世代と思われる男女もかなりの割合で含まれている。人々は列の右側にある建物の壁に沿うように並んでいるが、列の左側には、高さ八〇センチほどの鉄製の柵がいくつも並べられていた。柵の向こう側には、集会に反対する若者たちが三〇人ほど集結し、シュプレヒコールを上げていた。レインボーフラッグを掲げる人もいれば、「トランスジェンダーの子供を守ろう」、「ファシストたちに表現の自由はない」などというスローガンが書かれた横断幕やプラカードを持っている人もいる。集会に参加する側、反対する側、双方ともそれなりの人数がいながら、言葉を交わすことも目を合わせることも一切ない。まるで互いの存在すら否定しているかのようだった。

集会に入ろうと列を作る人たちの前での抗議デモ
(2023年3月20日　ニュージャージー州ラトガース大学　NHK素材)

「トランスジェンダーの子供を守ろう」のプラカード
(2023年3月20日
ニュージャージー州ラトガース大学
NHK素材)

「ファシストたちに表現の自由はない」の横断幕
(2023年3月20日
ニュージャージー州ラトガース大学
NHK素材)

取材を拒否される筆者
（2023年3月20日　ニュージャージー州ラトガース大学　NHK素材）

抗議活動そのものを撮影することには何の苦労もなかったが、その後、彼らの予想外の反応に戸惑った。抗議の理由について話してほしいと短いインタビューを申し込んだものの、誰一人応じないのだ。「メディアの取材には応じない」の一点張りだ。こちらもソーシャルメディアに顔写真が掲載されて、保守派からの攻撃の標的になるのを避けたいということなのだろうか。「私たちはアメリカのメディアではない。アメリカでは放送されることはない」と説明しても、彼らの態度が軟化する兆しはまったくない。応じてくれそうな人がいないか、周囲を改めて見回すと、マスクやサングラスをしている人が目立つ。再び声をかけ始めるが、誰に聞いても、「インタビューはだめ」以上の反応は返ってこない。取材には一切応じないという意思統一が行われているのだろう。インタビューは諦めることにした。

その場を立ち去り、再び建物の中に戻ろうとした時、「ターニング・ポイント・USA」の集会を主催している側の若者と短い会話を交わした。建物の外での撮影は終わったから、再び中に入りたいと伝えた。その際、筆者は、「抗議活動をしている人たちにインタビューを申し込んだが、応じてくれないので、これ以上、外で撮影しても意味がないと判断した」と説明した。それに対して、この若者は、「彼らは自分たちのことを説明できないからです」と容赦なく切り捨てた。「ターニング・ポイント・USA」の若者たちは、自分たちは絶対的に正しいと自信を植え付けられている。そのような彼らから見て、抗議活動をしている人たちは、自信のない「負け組」にしか見えないのだろう。若者は敵対心を隠さなかった。

抗議活動をする若者たちとの接触を通じて感じたことが、もう一つある。それは、保守派とリベラル派の組織としての完成度の違いだ。「ターニング・ポイント・USA」は、若いリーダーが牽引している組織とは思えないほど、組織として洗練されている。どのメディアに、どのような取材をさせるかというメディア対応の巧みさだけではない。例えば、全米での参加学生の人数、チャーリー・カーク氏の年齢などの簡単な問い合わせには、筆者たちのような外国メディアに対しても、広報担当が迅速に回答してくる。こうしたところからも、体制がしっかりしていることがうかがえる。さらに、いわゆる「年次総会」で見てきたような組織強化のノウハウを全米に拡散させる手法にも舌を巻く。集会に行けば、参加者たちが力強い言葉で、自分たちの信条を熱く語る。大規模な組織でありながら、チャーリー・カーク氏へのリスペクトを軸として、認識の統一が行われている。

これに対して、ラトガース大学で「ターニング・ポイント・USA」に対して抗議活動を行っていた若者たちはどうか。主張そのものは、一定の共感を得ることはできるだろう。しかし、それ以上の広がりは感じない。メディアのインタビューに応じれば、彼らの主張をある程度は拡散できそうなものだが、そのような積極的な行動はとらない。基本的な姿勢は、どちらかと言えば、攻めよりは守りだ。結果的に、保守派の活動には、良きにつけ、悪しきにつけ注目が集まる。保守派の動きに懐疑的あるいは批判的なメディアも、「ターニング・ポイント・ＵＳＡ」のことは大々的に取り上げる。メディアとして、主張に共感することはなくとも、社会現象としては看過できないからだ。これに対して、リベラル派の若者たちはそこまでのスポットライトを浴びる機会は少ない。

背後には、後述するように投入される資金力の違いもあるだろう。若者だけに着目して現象を見ると、表面的には若者たちの分断に見える。それはそれで事実なのだが、さらに透けて見えることもある。それは分断や対立を加速させることで、自分たちのために若者を動かそうという大人たちの狙いであり、それを実現するための資金の投入があるようだ。加えて組織形成のノウハウの伝授などもあるだろう。大人の思惑という掌《てのひら》の上で踊らされる若者たちと見ることもできそうだ。

女子学生たちのカリスマ

建物の中に戻ってみると、講堂はすでに多くの人であふれていた。ざっと見て五〇〇人は集まっているようだ。白人の若者が多い気もするが、黒人やアジア系、インド系と思わ

揃いのＴシャツを着た学生たち
（2023年3月20日　ニュージャージー州ラトガース大学　NHK素材）

れる若者の姿もちらほら見える。正面の舞台には、「ターニング・ポイント・ＵＳＡ」のロゴと共に、プロジェクター用のスクリーンが用意されていた。スクリーンには、「ライブ・フリー・ツアー」の大きな文字が映し出されている。最前列に陣取るのは、「ライブ・フリー・ツアー」のロゴが書かれた揃いのＴシャツを着たラトガース大学支部のメンバーたちだ。これだけ大規模な集会を開くには、一支部のメンバーだけでは足りなかったようで、他大学の支部からも応援が来ているとのことだった。彼らの大学は、ニューヨーク州を挟んで、ニュージャージー州の反対側にあるコネチカット州にあるという。若者たちにとって、共通の関心を持つ学生同士のいわばインターカレッジの活動はエキサイティングな出来事だろう。

支部長を務める学生が、紺のブレザー姿で登壇した。中のシャツは薄い青色、ネクタイは星条旗のデザインだ。関係者への謝意を示す短いスピーチを行った。支部のリーダーに選ばれるくらいだから、しっかりした学生なのだろうが、声が上ずっている。ジョークを言う余裕はないようだ。集会前に短時間会話を交わした時は、穏やかな学生という雰囲気だったが、今の彼は表情が幾分こわばっているように見える。これだけ大規模な集会を開催し、かつ、憧れの「ターニング・ポイント・USA」の幹部が、わざわざ自分たちの大学に来てスピーチをしてくれるのだ。緊張するのも無理はない。

支部長の学生が無事大役を務めると、いわゆる本編に入る。実は、この段階になっても、筆者たちは、誰が登壇するのか、確定した情報を持っていなかった。情報管理が徹底しているのか、流動的なのか、支部の学生たちに聞いても曖昧な答えしか返ってこない。団体の創設者、チャーリー・カーク氏が現れればラッキーくらいに構えて、取材を続けること

キャンディス・オーウェンズ氏
（2023年3月20日　ニュージャージー州ラトガース大学　NHK素材）

にした。

そうこうするうちに集会は一つの山場を迎えた。団体において、いまやチャーリー・カーク氏との二枚看板の役割を担っているキャンディス・オーウェンズ氏の登場だ。「年次総会」では上下黒のシックな恰好《かっこう》だったが、この日は、ベージュのトレーナーに薄いブルーのジーンズというスタイルで登場した。女性の政治家がよく着ているような鮮やかな青色、黄色、あるいは赤色といったスーツではなく、一見カジュアルでありながら、洗練されている印象を与えるオーウェンズ氏のファッションも、若者を惹きつける要素の一つだと改めて感じた。さらに、今回は、学生たちからすると、オーウェンズ氏との距離を近く感じたと思う。巨大なコンサート会場のようだった「年次総会」の時とは大きく異なり、今度は、大学に普通にある講堂だ。親近感も増したことだろう。

演説の内容は、去年一二月と大きな違いはなかったが、今回の集会では、若者たちとの距離を近づける仕掛けが用意されていた。それは質問タイムだ。演説を一通り終えたオーウェンズ氏は、「時間のある限り質問を受けるので、質問がある人は並んでほしい」と呼びかけた。早速二〇人以上が会場の中央に位置する座席と座席の間の通路に列を作った。男性もいるし、女性もいる。若者もいるし、それよりも上の年齢層の人もいる。

質問の内容は多種多様だった。何人かは、「ターニング・ポイント・USA」に対して辛辣な批判を展開した。オーウェンズ氏は、そのあたりは十分想定していたようで、余裕の表情でかわしていた。

「もし私の考えに反対の人がいるとしたら、私は喜んでその人の話を聞きたいと思います。是非、会場の前に来て下さい。私のことが嫌いなのに、この会場に来たあなたは英雄ですし、成熟した人だと思います。皆さん、この方に大きな拍手を」

オーウェンズ氏の発言は、形式的には対話を呼びかけるものだったが、実際のところは、つるし上げの儀式への誘導にしか思えなかった。敵陣に乗り込んできて、「あなたは英雄だ」といわば褒め殺しで拍手喝采を受けるのは、たまったものではないだろう。大きな拍手は、共感や称賛の感情が込められたものには聞こえなかった。一方で、乗り込んできた方も、対立勢力の著名人に直接反対意見を述べたことで目的は達成したというところだろう。どちらにも対話の意思は感じられなかった。

このようなやりとりもあったが、質問タイムの多くは、学生たちの人生相談という雰囲気だった。その中で、特に印象に残ったのが、痛切な思いで苦悩を打ち明ける女子学生だった。ようやく目の前に現れた憧れのカリスマの前で、声を震わせるように、彼女は切実に訴えた。

「皆が見ている中で、考え方が違う人と遭遇した時に起きたことです。大学のキャンパスにいると、いつもこんな返り討ちのようなことに遭うのです。私が責任者を務めている団体について書いた紙を持っていたら、彼らが近づいてきて、『こんな紙はゴミだ』などと

オーウェンズ氏に質問する学生
（2023年3月20日　ニュージャージー州ラトガース大学　NHK素材）

大声でまくし立てるのです。どうすれば良いのかアドバイスを頂けますか」

オーウェンズ氏は、時々相槌《あいづち》も打ちながら、訴えをじっくりと聞く。彼女の相談に対するカリスマの回答はこうだった。

「あなたがすべきことは、あなたに賛同してくれる人、考えが同じ人と仲間になること。そうすれば、一人で戦っているとは感じなくて済むわ。最初に覚えておいてほしいのは、あなたは一人ではないということ。彼らはあなたを孤立させたがっているのよ。次に覚えておくべきことは、彼らは、幸福の勇者が大嫌いだということ。だから、私は、笑みを浮かべ、そして、馬鹿げたことは笑い飛ばすような幸福の勇者になってほしいと、いつも皆に説明しています。そして、彼らは、今は嬉しそうにいろいろやっているかもしれないけれども、最後に笑うのはあなた。これが、私が約束する真実です」

最後に勝つのは私たち、という励ましだ。オーウェンズ氏は、切羽詰まったような表情の彼女たち一人一人の瞳をじっと見つめ、対する女子学生たちは、憧れの人に対する熱い眼差《まなざ》しを向ける。彼女たちにとって、オーウェンズ氏は、全幅の信頼が置ける力強い女性の先輩なのだ。その光景は、まるで先輩と後輩の人生相談のようだった。やりとりは、すべてマイクを通して行われているが、懸命に質問する学生たちにとって、不特定多数の人が聞いているかどうかは、あまり重要な要素ではないようだ。むしろ、一緒に質疑を聞いている人たちからは温かい拍手が送られる。会場がアットホームな連帯感に包まれたように感じた。

カーク氏という最大のカリスマがいなくても、オーウェンズ氏という女性のカリスマが登場し、自分たちの「人生相談」に応じてくれた。参加した学生たちは、明日からは、より強い確信を持って、自分たちの理念を語るようになるだろう。集会を主催した学生たちの表情も達成感に満ちていた。政治の世界では、各地で対話集会をこまめに開いて、有権者一人一人との距離を縮めていくことが、支持拡大の有効な手法の一つとされている。熱心な支持者を数多く獲得するためには、地道な活動が欠かせない。日本では、普段から有権者の家を一軒一軒訪問することが伝統的な手法とされ、かつては「どぶ板選挙」なる言葉もあった。「ターニング・ポイント・USA」がやっていることは、まさに昭和の時代に日本の政治家、特に保守の政治家たちがやっていた「どぶ板選挙」と同じだ。このようにして獲得した支持者は活動に熱心に取り組んでくれる。国は違っても、時代は違っても、有効な手段は変わらない面もあると感じたニュージャージー州での取材だった。

狂信的な一面も

アメリカで「ターニング・ポイント・USA」が注目されているのはなぜか。それは、トランプ前大統領など保守派の政治家を後押しする若者たちによる強力なエンジンになっているからだけではない。彼らの狂信的な一面も社会現象として看過できないからだ。そして、彼らの行動は、ソーシャルメディアと結びついて、彼らと異なる意見を持つ人々に大きなダメージを与えることもある。

その一つが、自分たちの運動に批判的な大学教授らのリストを作り、ソーシャルメディアで拡散していることだ。いわば、つるし上げリストで、攻撃の包囲網を作るのだ。ソーシャルメディアでのつるし上げが、被害者にいかに大きな精神的ダメージを与えるかについては、近年日本でも社会問題となっている。敵対する相手を容赦なく追い詰める点は、一九六〇年代から一九七〇年代にかけて中国で吹き荒れた文化大革命での紅衛兵も想起させる。アメリカの保守派の若者たちが、彼らが忌み嫌うところの毛沢東思想に心酔した若者たちと同じような行動パターンをとっている点は皮肉とも言える。また、特定の思想を強調して、敵対する勢力は既得権益層だから打破すべきだと決めつけ、若者を扇動する恐ろしさという点では、中国の文化大革命もアメリカの保守派の運動も変わらないようだ。

団体創設者の素顔

破壊的とも言えるパワーを持つ「ターニング・ポイント・USA」を創設したチャーリー・カーク氏。そのエネルギーの源泉は何なのか。しかし、これまでの取材のプロセスを振り返ってみると、本人への接触を実現する道は険しそうだ。彼の実像に近づく手立てはないだろうか。また、ここまでは自分の経験則に基づいて、組織の分析を進めてきたが、それがアメリカ人の専門家から見ても的を射ているのか。団体への最初の接触から半年が経過している。そろそろ取材内容のとりまとめに取り掛かりたい。こうした中で、「ターニング・ポイント・USA」について長年取材しているジャーナリストに話を聞くことにした。カイル・スペンサー氏は有力紙「ニューヨーク・タイムズ」に寄稿したこともある教育関係を専門とする記者だ。政治専門ではなく、教育専門のジャーナリストの視点から、「ターニング・ポイント・USA」などの活動がどう見えるのかということも聞きたかった。スペンサー氏の仕事の拠点は、ニューヨークの中心部マンハッタンからイースト川を渡った対岸にあるブルックリン。高層ビル群が連なるマンハッタンとは異なり、石造りやレンガ造りのアパートなどが立ち並ぶ落ち着いた雰囲気が印象的な地域だ。スペンサー氏を訪問したのは、二〇二三年の三月下旬。元気な愛犬と共に出迎えてくれた。

彼女が最初に指摘したのは、「ターニング・ポイント・USA」の創設者、チャーリー・カーク氏のユニークな生い立ちだ。民主党が強いシカゴ郊外で育ったが、ヒスパニック系の人口が急増した結果、高校では、ヒスパニック系の生徒数が白人を上回ることになったという。学校の中では、カーク氏ら白人は、人種的マイノリティーになってしまった格好だ。こうした中で、保守的な考えを持つ高校生のカーク氏は人気がない生徒だったそうだ。そして、その頃から、左派に対する敵対心を強めていったという。アメリカ史上初の黒人大統領となったオバマ氏が拠点としていた都市で、一人の白人の高校生が敵対心を増幅させ、やがては巨大な組織を牽引する存在になるというのは、単なる偶然なのだろうか。少年時代のカーク氏が、周囲の環境が急速に変化する中で、それも、彼のバックグラウンドの保守とは逆の方向に変化する中で、対抗心や敵対心を強めていったと考えることはできないだろうか。そして、それは、アメリカ全体で起きている政治思想の二極化の縮図と見ることもできるのではなかろうか。

スペンサー氏へのインタビューのテーマは、チャーリー・カーク氏が組織の拡大に成功した理由に移った。スペンサー氏は、保守系の資金提供者を集める能力と、保守派というものを格好良く見せる戦略にあると分析した。特に後者について、スペンサー氏は、アメリカの保守派に対して大きな影響力を持つキリスト教福音派のノウハウを活用していることとに気付いたという。福音派の教会の中には、一〇〇〇人単位の信者を収容できる巨大なホールのようなものもあり、その大きさからメガ・チャーチなどと呼ばれる。筆者も、日曜日のメガ・チャーチには、取材で何度か足を運んだことがある。聖歌隊の讃美歌の代わりに、ステージに登場したロックバンドが信仰を告白する曲を歌い上げ、会場が一体となってサビを合唱し、気持ちが高まったところで、牧師が登場するというのが流れだ。スペンサー氏は、「教会に行けば、ロックバンドがいて、集まった人々はジーンズをはいている。食べ物は美味しいし、コーヒーショップもある。チャーリー・カーク氏は、多くのことを手本にして、自らの運動に活《い》かしたのです」と語る。

保守派の「文化戦争」

アメリカの政治的スペクトラムで、リベラルよりさらに左側に位置し、自分たちをプログレッシブと称する人たちが急進的すぎることも、保守派の若者たちが勢いを増していることの理由の一つだとスペンサー氏は分析する。

「アメリカという国家は急速に変化しています。ジェンダー、階級、人種などに関する平等をめぐって大きな変化が起きています。プログレッシブの若者たちは我慢強くありません。彼らは、物事をより速く進めようとします。これに対して、保守的、あるいは中庸な若者たちは不安を抱いています。『ターニング・ポイント・USA』は、こうした若者たちの不安を捉えたのです」

本書の冒頭で説明したように、一方の勢力が大きく振れると、今度は、対抗勢力が反対方向に大きく振れる。アメリカでは、リベラル色が強いオバマ大統領が誕生した後、次は、反対側に振れたトランプ大統領が選ばれた。若者たちの対立も同様で、まるで時計の振り子のように左に右に大きく揺れているようだ。

チャーリー・カーク氏は、もともとは、伝統的な保守派のイデオロギー、例えば小さな政府の実現などを主張していたという。しかし、急進的な動きに不安を抱く若者の増加という流れを捉え、彼らをつなぐツールとしてのソーシャルメディアも活用して、運動の方針を変化させた。主張するポイントを保守派の従来のイデオロギーから、ジェンダー、銃規制の是非など大学生が関心を持つ社会問題に変化させたのだ。スペンサー氏は、こうした運動方針の変化が、プログレッシブあるいは左派の学生に対して激しい批判を行うにあたって、大きな効果をもたらしたと分析する。ここでは、「激しい批判」という穏当な表現にしてみたが、最近のアメリカでは、保守派が敵対する勢力を批判するという政治的な文脈では、動詞としては、デーモナイズ（demonize）という言葉を使うことが多い。直訳すれば「悪魔化」だ。キリスト教信仰が根底にある人々が「悪魔」という意味を含む言葉を選ぶというのは、激しい批判を超えて、あまりにもおぞましい、忌み嫌うべきという強い意味だろう。スペンサー氏も、筆者に対する説明の中で、やはりデーモナイズという言葉を使っていた。

そして、スペンサー氏は、アメリカが抱える社会問題を争点に、保守派の若者たちが仕掛けている論争は、「文化戦争」（culture war）であると説明してみせた。スペンサー氏の口から、この言葉を聞いた瞬間、筆者は、それまでの取材実感が間違っていなかったと安《あん》堵《ど》した。先に、「ターニング・ポイント・ＵＳＡ」の学生たちが大学教授らのいわばつるし上げリストを作っていることに触れた際に、中国の文化大革命との類似性に言及したが、文化大革命は、英語ではThe Cultural Revolutionである。社会問題の解決を目指すだけに留まらず、国の文化そのものを変えることを大仰に掲げ、反対する者を激しく批判し、屈服させようとする。その手段として若者を扇動し、運動の原動力にする。そういえば、「ターニング・ポイント・ＵＳＡ」の集会で出会った高校生も、同じような表現を使っていたことを思い出した。若者たちは懸命に活動するが、それが社会を混乱させる一因にもなりかねないことに気付いているのだろうか。あるいは、自分たちが掲げる社会の実現のためには、必要な混乱だと考えているのだろうか。

マイルドな保守教育も

アメリカで、若者向けに保守思想の教育を行っているのは、「ターニング・ポイント・ＵＳＡ」のような対立を扇動するタイプの団体だけではない。もう少しマイルドな団体もある。取材の幅を広げたいと考えて連絡をとったのが、カリフォルニア州に拠点を置くレーガン大統領ゆかりの諸団体だ。レーガン大統領は、ソビエト連邦を中心とする共産主義陣営との冷戦を終結させた強いアメリカの象徴であり、今も保守派にとって最大のアイコンであることは先述した通りだ。諸団体のうち、「レーガン・ランチ・センター」（Reagan Ranch Center）という施設から、高校生向けの合宿があるので、取材を受けてもよいという連絡が来た。レーガン・ランチは、そのまま訳せばレーガン牧場だ。牧場は、カリフォルニア州ロサンゼルス郊外の山岳地帯にあり、それこそ偉人の生家と同じように、若者向けの教育施設としての機能も持っているのだが、大人数を収容できるような建物はない。このため、山を下ったところにある太平洋岸の町に、セミナーやレセプションを行うためのホール、大統領ゆかりの品々などを集めた資料館などの機能を備えたセンターが設けられている。牧場の管理は厳しく、一般の人が予約なしで訪れることは難しいようだ。

取材を行ったのは、中間選挙をおよそ一カ月後に控えた二〇二二年一〇月。中間選挙関連の企画として放送することを考えていたため、このタイミングでの取材となった。レーガン・ランチ・センターがあるのは、サンタバーバラという町だ。ロサンゼルスからは海岸沿いのルートを選べば、車で二時間足らずだ。人口は九万人弱。白壁を基調としたスペイン風の建物が印象的な町だ。大都市の中心部にあるような高層ビルはない。その代わりに背の高いヤシの木が数多くある。日差しは強い。いかにも西海岸のリゾート地という雰囲気を感じながら、散策や食事が楽しめる。ロサンゼルスから日帰り圏内ということもあり、年中多くの観光客でにぎわう。

レーガン・ランチ・センター
（2022年10月20日　カリフォルニア州サンタバーバラ　筆者撮影）

レーガン大統領の胸像
（2022年10月20日　カリフォルニア州サンタバーバラ　筆者撮影）

レーガン・ランチ・センターは、そんなサンタバーバラの中心部にあった。敷地内の駐車場に車を止めて、建物に向かう。白を基調とした三階建ての建物の外壁には、大きな星条旗がかけられていた。そして、正面玄関のドアを開ける。筆者たちを出迎えてくれたのは、微笑《ほほえ》みを湛《たた》えたレーガン大統領の黄金色の胸像、その横には、ベルリンの壁の実物が置かれていた。そして、館内には、馬に跨《また》がるレーガン大統領の写真、乗馬の際に使っていたブーツなど、ゆかりの品も並ぶ。図書室のような部屋に入ると、共産主義批判のパンフレットがいくつも置かれていた。

高校生向けの合宿を企画したのは、こちらもレーガン大統領ゆかりの団体「ヤング・アメリカズ財団」だ。建物に掲げられた銘板によると、レーガン・ランチ・センターは、財団の施設として二〇〇六年に建てられたとある。合宿を行う施設は、レーガン大統領が州知事を務め、全国レベルの政治家として頭角を現したカリフォルニア州にあるものの、本部の住所は首都ワシントン近郊のバージニア州だ。ここからも、財団がカリフォルニア州に留まらず、全国規模の活動を行っていることがうかがえる。

筆者たちが取材したのは、合宿の初日と二日目。屋上でのカジュアルな立食形式の懇親会の後、屋内に戻り、今度は着席形式のフォーマルな夕食会となった。男子高校生は、ジャケットにネクタイという恰好だ。コース料理が進む中で、演壇では団体の代表や関係者の挨拶に続き、参加者一人一人の短い自己紹介が行われた。ざっと見たところ、八〇人程度が参加しているようだった。「親から勧められたので参加した」、「合宿中に多くの友達を作りたい」などと参加動機を一人一人が述べていく。夕食会の前に行われた懇親会でも、何人かの高校生に話を聞いたが、まだ高校生ということもあってか、親に背中を押されてここに来た人が多かったようだった。軽いジョークを交えながら話をする高校生もいて、

和やかな雰囲気の夕食会
（2022年10月19日　カリフォルニア州サンタバーバラ　筆者撮影）

終始和やかなムードで進んだ。

ただ、懇親会で話をした参加者の中には、少々深刻な状況にいる女子高校生もいた。地元カリフォルニア州から来た彼女は、学校の同級生たちの考え方がリベラルすぎて話についていけず、自分が何者であるかを見失いそうになっているので、同じ考え方を持つ友達を作りたいと思って、参加を決めたそうだ。

政治的思想をめぐる分断は、大学は言うまでもなく、高校でも起きているようだ。「ターニング・ポイント・ＵＳＡ」の活動をめぐって触れた、敵対する相手を悪魔のようだと決めつけて激しく非難するデーモナイズとまではいかなくても、大なり小なり、比較的若い時分から政治的な分断は起きていることがうかがえる。政治色の濃いセミナーや合宿をめぐっては、いろいろな考え方があるだろうが、彼女のような高校生にとっては、シェルターのような役割を果たしているのだろう。

その後、夕食会では、高校生たちの自己紹介に続いて、レーガン大統領の義理の子息、マイケル・レーガン氏が講演を行った。父との思い出を振り返りながら、保守の価値観を守ることの大切さを若者たちに説く内容だった。一方、翌日に行われたジャーナリストの講演は、民主党が訴える気候変動対策の必要性は、メディアで危機感を煽っている面があり、それに騙《だま》されてはいけないと説明する内容だった。保守の価値観を若者たちに植え付けるのが合宿の目的とはいえ、民主党批判一辺倒のような政治的バイアスが強い講師を高校生向けのセミナーで登壇させるのはどうかと個人的には思った。

今回の取材では、団体の広報担当、マディソン・ヘイバーセッツァーさんへのインタビューも行った。合宿の目的についての説明は明快だった。

「目的は、若い人たちに自由経済、小さな政府、強い国防、個人の責任といったレーガン大統領の保守の思想を植え付けることです。これらの思想はとても重要です。なぜなら、アメリカという私たちの国を本当に偉大なものにした基本原則だからです。彼らが学校に戻って、クラスメートと保守の思想について、議論するだけでなく、積極的に主張するようになってくれることを願っています」

一方で、「ターニング・ポイント・USA」のような勢力の拡大は、共和党支持者として歓迎か反対かという質問に対しては慎重だった。中道寄りの共和党支持者の中では、トランプ前大統領の支持者が、それこそ、連邦議会議事堂襲撃のような行為も容認していることへの警戒感が強まっていると聞いていた。過激な運動はやめるべきと明快にオンレコで言えないところからは、トランプ支持者などからの批判を回避したいという思いも透けて見える。前述のように、極右の人々が中道右派を批判する言葉の一つとして、RINO(ライノ)というものがある。Republican in name only、つまり「名前だけの共和党員」だ。下手に極右批判を展開し、それがソーシャルメディアで拡散され、反撃されるのは勘弁というところだろう。こうしたやりとりからも、共和党支持者の中で、トランプ支持者がより存在感を増していることがうかがえる。ただ、ヘイバーセッツァーさんは、言葉を選びながら語ってくれた。彼女が、大学で起きていることを説明する際に使ったのが、「キャンセル・カルチャー」という言葉だった。これは、ある人物が不適切な言動をしたという理由で、社会から排除しようとしたり、ボイコットしたりする行動を指す言葉だ。

「最悪のキャンセル・カルチャーは、学生団体から出てきていると思います。この問題は大学のキャンパスで蔓延《まんえん》しています。この動きは、保守的な考えを持つ人たちを悪者と決めつける左派の大学教授から始まっています。そして、私たちの文化は徐々に分極化し、学生たちは、議論の場を持てなくなっていて、他人の意見は聞かないという不安定さの中に置かれています。だからこそ、私たちにとってのコア・バリューがとても重要なのです。私たちは保守の思想を信じていますが、同時に言論の自由を何よりも信じているのです。だから、ディベートの戦術を若者に教えることには、大きな価値があるのです」

指導者の立場から見ても、やはり、若者の分断は深刻なのだ。だからこそ、翻弄されないために依拠すべきものが必要であり、それがコア・バリューであるとヘイバーセッツァーさんは説く。そして、筆者にとっての救いは、自分たちの価値観は守りながらも、ディベートが重要だとしている指導方針だった。トランプ前大統領を支持している保守派は、対立勢力との対話は拒否、問答無用という姿勢だ。分断の深刻化もいとわない。一方で、レーガン大統領ゆかりの団体は、同じ保守を名乗っていても、異なる勢力との対話を重視している。ゴールは、自分たちが信じる保守の価値観を広めることであろうが、そこには対話というプロセスが不可欠だとしている。ヘイバーセッツァーさんが、慎重に言葉を選びながら組み立てた説明の中に、対話の重要性という要素を盛り込んできたところに、言論の自由を掲げる国の偉大なリーダーのレガシーを継承する財団としての思いを感じた。

第二章　分断に対抗する若者たち

第一章では、愛国心をキーワードに、自分たちのイデオロギーと対立する勢力を「悪魔」と決めつけ、デーモナイズ（直訳すれば悪魔化）という激しい非難を展開し、その結果、社会の分断が加速することもいとわない保守派の若者たちを取り上げた。第二章では、保守派のデーモナイズに戸惑いながらも対抗する若者たちを取り上げる。第一章では、保守派団体「ターニング・ポイント・USA」の創設者であるチャーリー・カーク氏は、ティーンエイジャー時代に周囲の環境がリベラル化していくことを体験した結果、保守派としての活動を始めたのかもしれないという見方を提示した。また、カーク氏と同様の疎外感を感じた若者たちが、「ターニング・ポイント・USA」などの団体のイベントに参加している実態も伝えた。こうしたリベラルへの嫌悪感に基づく右傾化の動きは確かに存在する。ただ、ここ一〇年ほどのアメリカ全体の動きを俯瞰《ふかん》する際には、むしろ、逆に捉えた方がわかりやすい。トランプ大統領の登場でアメリカ社会の右傾化が強まったことへの反作用として、リベラルやプログレッシブの動きが活発化し、新たな団体も生まれているという理解だ。

最近のアメリカの大統領選挙を振り返ると、二〇一六年の選挙では、共和党の候補者選びをトランプ氏が勝ち抜き、一一月には、民主党のヒラリー・クリントン元国務長官との戦いを制した。二〇二〇年の選挙は、トランプ氏は敗れたものの、バイデン氏との激しい接戦に持ち込むほどの支持を集めた。そして、二〇二四年の選挙に向けても、トランプ氏は、共和党支持者の中で支持率が高く、保守派の勢いはかげりを見せていない。こうした中、保守派への反作用としての若者たちの動きはどうなのだろうか。民主党支持者をどう分類するかについてはいろいろな意見があるが、バイデン大統領に近いのがリベラル、さらに急進的な動きを求める人たちのことをプログレッシブと定義づけて、この先の議論を進めたい。

ワクチンと陰性証明とマスク

最初に取材が可能になったのは、社会主義を掲げる若者の団体だ。団体の名称は、Young Democratic Socialists of America、略称ＹＤＳＡだ。日本語にすれば、アメリカ青年民主社会主義者となる。立ち位置は、プログレッシブと言って良いだろう。全米各大学の学生などで構成される。二〇二三年の年次総会は、四月に中西部イリノイ州のシカゴで開催された。「ターニング・ポイント・USA」を創設したチャーリー・カーク氏の故郷で、対抗する団体の年次総会が開かれるのは、単なる偶然なのだろうか。会場は、シカゴの教職員組合のビルで、ホールや会議室などの施設が整っている。つまり、シカゴの教職員組合は、それだけの施設を維持する資金力があるということだ。地域での存在感もわかる。労働組合が大きな顔で活動する中、ティーンエイジャー時代のカーク氏は、敵対心を強めていったのかもしれない。

各団体の取材を行うにあたって、最初の関門は取材許可が得られるかどうかだ。「ターニング・ポイント・USA」の時は、小論文の提出が求められたが、今回は、新型コロナウイルス感染防止対策を徹底することが条件だった。当時、アメリカでは、新型コロナウイルス感染拡大はほぼ過去の出来事になっている雰囲気だった。しかし、彼らは頑なだった。ワクチンを三回分接種した証明書の提出（筆者は、一回の接種で二回分とされていたジョンソン・エンド・ジョンソンのワクチンを受けていたので、実際に接種していたのは二回）、新型コロナウイルスについて陰性であることを示す証明書の提出（検査の種類は指定されなかった）、さらには、会場内での常時マスク着用の順守だ。新型コロナウイルス感染拡大が続いていた時は、マスクの着用は、効果に科学的根拠があるとのことで、リベラルやプログレッシブの政治的アイコンにもなっていた。これに対して保守派は、マスク着用は当局に強制されるべきではないなどとして着用を拒否した。マスクをめぐる政治的な論争はアメリカではすでに終わっているように感じていたが、社会主義を掲げる若者たちが依然としてマスク着用を求めてきたことに、彼らが、時には科学も否定してくる保守派に対して抱く強い不信感が垣間見えた。

マルクスへの抵抗感の低さ

シカゴを訪れたのは、二〇二三年四月。空港でレンタカーを借り、中心部に向かう。YDSAの年次総会が開かれる教職員組合のビルは、中心部に近い工場のような建物が立ち並ぶ一角にあった。レンガ色を基調とした三階建てのビルだ。敷地内の駐車場に車を止める。取材班全員、車内でマスクの着用を確認し、その上で建物に向かう。YDSAは全米

社会主義関係の本が並ぶ　（2023年4月14日　イリノイ州シカゴ　筆者撮影）

におよそ一三〇の支部があり、メンバーは約二〇〇〇人。今回の総会には、各支部から選ばれた三五〇人ほどの若者が参加するという。大きな扉を開けると、ロビーのような広い空間が広がっていた。筆者たちの到着が早かったためか、たむろしている若者の姿はまばらだった。ただ、その一角では、長机を横に並べて、書籍を販売するコーナーがいくつも設けられていた。

興味深かったのは、並べられていた書籍のラインナップだった。社会主義の有効性を説くものばかりで、街中の書店では、このような本をまとめて見ることはほぼ不可能だろう。さすが、全米の社会主義者たちが集う会場だ。

近づいて本のタイトルを一つ一つチェックしてみると、労働組合による階級闘争を説いたものから、資本家、労働者、科学技術の三要素の関係を分析したもの、中東パレスチナでの社会主義を取り上げた本、さらには、共産主義国家成立に大きな影響を与えたカール・マルクスについて解説したものまで並ぶ。早めに会場に来ていたマスク姿の若者たちが、本を手に取りながら、店のスタッフと会話を交わしていた。アメリカでは、冷戦時代に、ソビエト連邦と緊張関係にあったことなどから社会主義へのアレルギーが強いとされてきた。しかし、英語の出版物でも集めてみれば、これだけ多くの社会主義関係の書籍が出版されているのだ。筆者は大学で経済学専攻だった。一般教養課程に続く専門課程の導入で、マルクス経済学の講義も受けていたので、知識が皆無ではない。そんな話を織り交ぜながら、販売コーナーにいた学生に声をかけると、彼らからは、「今のアメリカには必要なことだと思います」などという反応が返ってきた。

年次総会が始まる前に、まずは団体代表のインタビューを行った。年次総会の日程がすべて終わった後で、内容を振り返りながら、ゆっくりと行うことも選択肢にあったが、筆者にとって、アメリカの社会主義者たちを取材するのは初めてだったため、まずはガイダンスにあたる説明を受けた上で、総会の取材に臨みたかった。

「ターニング・ポイント・USA」の対抗勢力としての意識

YDSAのウェブサイトを見ると、団体は毎年交代で二人の共同代表を選んでいるようだ。共同代表の一人、ジェイク・コローサさんが筆者たちの前に現れた。名門NYU＝ニューヨーク大学の学生だ。身長は一八五センチほど。軽くパーマがかかったような黒い髪と眼鏡が印象的だ。黒のTシャツの上に、ネイビーブルーの長そでシャツを羽織るというカジュアルな恰好だ。マスクはもちろん着用している。これまで取材してきた保守派の若者団体の幹部は、フォーマルな服装であることが多かったが、コローサさんは、日常の大学のキャンパスで見かける学生のような恰好だ。服装一つをとっても、マッチョ的な雰囲気を強調する保守派と、そうしたものを否定したような左派の違いが感じられた。

筆者は自己紹介をかねて、これまで取材してきた人々のこと、記者としての専門分野は政治であること、今はアメリカの若者たちの動向、特に政治的な動向に関心があることを説明した。その上で、ここ半年ほどは、「ターニング・ポイント・USA」を取材しているることを伝えた。コローサさんは、すぐに反応した。彼らとは、いろいろな大学のキャンパスで衝突が起きていて、手を焼いているとのことだった。筆者には、彼が、「自分たちは『ターニング・ポイント・USA』のような右派団体のカウンターである」という意識を強く持っているように思われた。コローサさんとの会話はまだ挨拶程度に過ぎなかったが、こうした対立軸を確認できた段階で、今回の取材は来た意味が十分にあったと心の中で感じていた。

ジェイク・コローサさん（左）と筆者
（2023年4月15日　イリノイ州シカゴ　筆者提供）

ここまでの会話の流れもあり、インタビューでは、まずは保守派団体との対立関係をどう認識しているかを聞くことにした。コローサさんが憂慮しているのは、ここまで使ってきた言葉を使えば、やはり保守派団体からのデーモナイズだった。コローサさんはこう語る。

「私の経験では、私たち社会主義者が何を求めているのか、何と戦っているのか、きちんと説明すれば、人々は自分たちの関心事と同じだとわかってくれます。しかし、右派は、社会主義に対して貶《おとし》めるかのようなレッテル貼りをしてきますし、汚い言葉を使ってきたりします。さらに、私たちの社会主義にとって不可欠な自由という概念すら攻撃の対象になっています」

対話によって、自分たちの主張を理解してもらおうとしているのがわかるし、一定の手ごたえは感じているようだ。一方で、コローサさんは、「ターニング・ポイント・USA」のような保守派からは、罵るような言葉で攻撃されるだけで、対話が成立しないことへの諦めも感じられる。対話についての認識が、プログレッシブの若者と保守派の若者では違うようにも思える。

ところで、コローサさんは、「ターニング・ポイント・USA」のような保守派を指す際に、「右派」という言葉を使っている。こうした言葉の定義や使い方は、人それぞれで政治的なスタンスによっても違うようだが、本書で引用する発言は、できるだけ本人の使った言葉に忠実に記述したい。

また、コローサさんの説明で興味深かったのは、アメリカの社会主義は、冷戦下の東側陣営とはちょっと異なる点だ。自由という概念が一つの重要なキーワードになっている。アメリカ合衆国憲法で保障されている言論の自由のもとでは、いかなるイデオロギーも認められ、その一つとして社会主義が存在するというのがコローサさんたちの主張のようだ。自分たちの活動に正当性を与える法的根拠が合衆国憲法であるという点は、保守派団体とも共通していることに気付く。言い換えれば、国家の理念そのものは尊重している。このあたりが、アメリカという民主主義国家における社会主義の特徴のようだ。彼らが社会主義者を名乗りながらも、団体の名称が、「アメリカ青年民主社会主義者」とあるように、民主という言葉が含まれているのがポイントの一つかもしれないと考えた。

社会主義を身近にしたバーニー・サンダース氏

インタビューは、なぜ社会主義に惹かれるのかという基本的な質問に進んだ。コローサさんは、気候変動、人々の健康、住宅危機（近年のアメリカで、住宅を買うことは言うまでもなく、借りることも難しくなっていること）など働く人々や若者が直面している諸問題が資本主義と関係しているからだという。そして、コローサさんはアメリカの若者たちの動向をこう分析する。

「今日、社会主義は少なくとも若い人々にとっては、かつてのような恐ろしい言葉ではなくなりました。アメリカの経済や社会が立ち行かなくなる中、若者たちは、現状を変えることのできる考え方を求めているのです」

コローサさんは、若者たちに社会主義が浸透した大きな要因の一つが、バーニー・サンダース上院議員の存在だと考えている。サンダース氏は一九四一年生まれのベテランの政治家だ。東部バーモント州選出で、二〇一六年の大統領選挙に向けた民主党の候補者選びでは、候補者に決まったヒラリー・クリントン元国務長官と最終盤まで争った。「民主社会主義者」を自称するサンダース氏は、格差是正、富裕層への増税、国民皆保険、公立大学の無償化などを主張し、若者たちから熱烈な支持を集めた。

サンダース氏と同様に「民主社会主義者」を自認する若者たちをまとめる立場のコローサさん。サンダース氏に魅力を感じ始めたのは高校生の時だったという。まさに二〇一六年の大統領選挙に向けた候補者選びが激しくなっていた頃だ。億万長者のための絵空事の公約ではなく、働く人々と語り、働く人々を助けようというサンダース氏の政治姿勢に共感したそうだ。

サンダース氏は、民主党でも中道寄りのバイデン大統領とは路線が異なり、リベラル色が強い。サンダース氏に期待しているコローサさんは、バイデン大統領には魅力を感じていないようだ。二〇二四年の大統領選挙については、トランプ前大統領かフロリダ州のデサンティス知事が大統領になったら困るが、バイデン大統領を一〇〇パーセント支持するつもりもないとのことだった。「二人の邪悪な候補者よりも、邪悪の度合いが低い人、ましな人を選ぶことです」などと話していた。

「民主社会主義者」の戦略は

コローサさんは団体の組織運営をどうしようと考えているのか。今回、彼らへの取材で直接聞いてみたかったことの一つが、資金調達の方法だった。財源面での裏付けの強弱が、保守派との活動量の差を決定づけているように見えていたからだ。コローサさんは、保守派の「ターニング・ポイント・USA」と自分たちのYDSAの違いについて、こう説明した。

「重要な点は、『ターニング・ポイント・USA』のような組織には、巨額の資金が入っているることです。つまり、コーク兄弟のような億万長者が資金を注入しているのです。その結果として、メンバーからの資金で運営しているYDSAのような団体よりも、多くの人に名前を売ることができますし、多くの若者にアクセスすることができています。アメリカでは昔から、資本家が金を注入することで、私たちのような運動を止めようとしてきました」

コーク兄弟というのは、アメリカを代表するコングロマリット（複合企業などと訳される）を経営する一家のことだ。例えば、メトロポリタン・オペラやニューヨーク・フィルハーモニックが本拠地を置くニューヨークのリンカーンセンターには、デビッド・コーク氏の名前を冠した劇場があるほど、その財力はあまりにも大きい。そして、コーク兄弟は、アメリカの保守派の活動を財源面で強力に下支えしていることでも知られている。

ただ、コローサさんは、資金力よりも重要なのは組織の独立性だと考えている。富豪や企業から巨額の資金を受けるようになると、独立性の確保が難しくなるからだという。また、団体の運営を安定的にするという観点からも、資金調達の方法は慎重に判断すべきとも考えているようだ。

なぜなのか。それは、コローサさんは、資金調達には流行のような波があると認識しているからだ。例えば、団体が展開する社会運動に世間の注目が集まって、多くの資金が集まっている時は良いが、ブームが過ぎ去って、とたんに運営が苦しくなるのは避けたいそうだ。コローサさんは、バーニー・サンダース上院議員の大統領選挙に向けた運動も、黒人の人権尊重を訴える運動「ブラック・ライブズ・マター」も、いっときは非常に注目を集めたものの、現在は落ち着いている様子を見ながら、そんなことを考えているという。

そして、今後の活動でホットスポットになるのがフロリダ州だという。デサンティス知事が、例えば、小学校三年生までの授業で、性的マイノリティーに関する話題を取り上げることを規制する法律を成立させるなど、保守派の意向に沿った教育の実現を進めているからだ。コローサさんは、こうした流れに抗《あらが》うために、ＹＤＳＡのフロリダ州内の各支部は健闘していると話す。

年次総会が始まる時間が近づいてきた。コローサさんもそろそろ準備に戻らなければならないようだ。インタビューの最後に、筆者は、彼の家庭環境を聞いてみた。高校生の時にサンダース上院議員に影響を受けたことは説明してくれたが、議員の極めてリベラルな考え方を受け入れるためには、それまでに育まれてきた土壌があるに違いないと思ったからだ。筆者の質問に対して、コローサさんは、「母親は学校の先生で、とても熱心に組合活動をしていました。そのことが、潜在意識的に私に何かをもたらしたのだと思います」と話してくれた。それまでの保守派の若者たちの取材でも感じていたが、やはり親や家庭からの影響は大きい。特に高校生のような多感な時期であれば尚更だ。社会の分断や混乱を回避するために、大人は何をすべきなのか、何ができるのか。改めて考えさせられた。

「私の代名詞は『彼』です」

集会は日程の説明と諸注意から始まった。諸注意は会場正面の大型スクリーンに映し出された。「コミュニティーの合意」というタイトルがつけられ、全部で一一項目だ。「他者の発言を妨げないようにしましょう」、「ジャーゴン（仲間内だけで通じる言葉）は避けましょう」、「携帯電話に夢中にならずに、今いるここに集中しましょう」などごく普通の注意事項が並ぶが、特徴的なものもある。例えば、「いつも団結のことを忘れずに」という内容には、団結の重要性を強調した労働組合的な文化が感じられる。「他人の気持ち、バックグラウンド、文化の違いを認識し、敬意を払いましょう」と多様性の重視・尊重を確認した注意事項もある。ちなみに、バックグラウンド（background）は、性別、人種、宗教、生い立ちなど、さまざまな要素を意味する言葉で、特に多民族国家のアメリカで生きていくためには避けられないキーワードだ。例えば筆者は、「先祖の墓は日本の寺にあるが、信心深いわけではない」ということを説明したい時には、「私は特定の宗教の信者ではありませんが、バックグラウンドには仏教があります」などと説明していた。

ただ、諸注意の中で筆者が最も注目したのは、写真についてのものだった。「他人の写真を撮る時には事前に尋ねましょう。日曜日まで投稿しないで下さい」とある。日曜日に会議が終了するまで参加者の顔写真はソーシャルメディアに載せないでほしいというお願いだ。若い世代にとってソーシャルメディアは諸刃《もろは》の剣だ。自分たちの活動をアピールできるツールとして強力である一方、その迅速性が仇《あだ》となることもある。参加者が特定されて、その政治信条がソーシャルメディア上でつるし上げられるかもしれない。写真の背景から集会の場所が特定され、対立する勢力のメンバー、彼らの場合は保守派の若者たちが大挙押し寄せてきて、集会の継続が困難になるかもしれない。

若者たちへの注意事項とは別に、筆者たち取材班が事前に確認を求められたことがあった。それは、集会のライブストリーミングはしないということだ。ユーチューバーに代表されるように、現代は、スマートフォンなど簡易なデバイスを使ってライブストリーミング、いわば生中継も当たり前の時代だ。今回の集会でそれをやられてしまったら、それこそ保守派の襲撃は避けられないだろう。筆者たちが生中継はしないし、素材はすべてロサンゼルスに持ち帰るし、日本で放送されるまでにはしばらく時間があることを告げると、何も問題がないという反応が返ってきた。こんな些細なやりとりからも、アメリカの若者たちの分断がいかに深刻かが見えてくる。

開会にあたっては、労働組合の支持を受ける政治家などの来賓挨拶と共に、ＹＤＳＡの共同代表二人によるスピーチもあった。この時のＹＤＳＡの共同代表は、二人ともニューヨークの大学の学生だった。コロンビア大学の女子学生、リーナ・ユミーンさんと、開会

YDSAの年次総会　（2023年4月14日　イリノイ州シカゴ　筆者撮影）

前にインタビューに応じてくれたNYUに通うコローサさんだ。ユミーンさんの挨拶は力強く、政治家を思わせるようなものだった。これに対して、コローサさんはソフトな口調で語り始めた。

「私はジェイク・コローサです。私はhe（＝彼）とthey（＝彼ら）の代名詞を使います。NYUのYDSAのメンバーで、全国組織のもう一人の共同代表です」

最初の一〇秒で、彼らしい演説の切り出し方だと感じた。冒頭で自分が認識するジェンダーを明示したからである。この場合は、コローサさんは、自分を男性と認識しているという意味である。ジェンダーへの認識が多様であることに配慮した今の時代にふさわしいスマートな表現だ。また、筆者は、第一章で紹介した保守派の女性活動家キャンディス・オーウェンズ氏のことを思い出した。オーウェンズ氏は「ターニング・ポイント・USA」の集会で、「あなたが使う代名詞は何ですか」という質問が、大学教授などから初対面の学生に行われることに疑問を呈していた。仮に、オーウェンズ氏や保守派の若者たちが、この集会に来ていたらどんなことになっただろうか。コローサさんのスピーチが始まってからわずか一〇秒のところで、ブーイングの声をあげたり、大声で「神様は男と女しか創っていない」と絶叫したりしたかもしれないなどと想像した。

人工妊娠中絶とパレスチナ

コローサさんのスピーチは本題に入り、保守派の勢力拡大に対する二つの危機感を明快な形で示した。一つ目は保守派の草の根からのボトムアップ作戦に対する危機感だ。トランプ前大統領を支持する保守派は、特に二〇二〇年の大統領選挙で敗北して以降、まずは市や郡の教育委員会や議会、次は州議会、そして連邦議会と自分たちの勢力の議席を徐々

に増やすことで、戦いの主導権を握ろうとしている。じわりじわりと勢力を拡大していく保守派の手法は、公的な役職に留まらず、大学のキャンパスでも同じだ。それは、「ターニング・ポイント・ＵＳＡ」の創設者、チャーリー・カーク氏が勝ち誇ったように語っていた通りだ。これに対して、コローサさんのように、全国組織の共同代表を務めながら、普段は大学のキャンパスというある意味、戦いの最前線で活動している人にとっては、じわりじわりと攻められてくる危機感は相当強いものがあるだろう。それを簡潔な表現で説明してみせた。

二つ目の危機感は、トランプ氏が、連邦最高裁判事を指名できるという大統領としての権限を使って、保守派の判事を増やし、連邦最高裁において保守派の数がリベラル派に対し優位に立ったことだ。その影響は二〇二一年一月のトランプ大統領退任後も続いている。大きく注目されたのが、連邦最高裁が二〇二二年六月、人工妊娠中絶の権利は合憲としてきたそれまでの判断を覆したことだ。民主党のバイデン政権下であったのに、こうした事態が生じた。からくりは、連邦最高裁の判事は終身制という点にある。政権が共和党から民主党に代わったとしても、判事の構成は変わらない。ホワイトハウスと最高裁の間で、

いわばねじれが生じていると言うこともできよう。アメリカでは三権分立が日本よりも徹底している印象を受ける。日本では、政府の判断を司法が覆すことは稀有《けう》という感覚があるかもしれないが、アメリカは違う。バイデン大統領の意向に関係なく、司法は司法として判断を下すのだ。人工妊娠中絶の権利をめぐって、トランプ前大統領は、バイデン大統領に選挙で敗れてホワイトハウスを奪われたものの、今回は、まるで見えざる手のように影響力を行使したということになる。こうした危機感をコローサさんはこう説明していた。

「私たちは、私たちの活動、そして働く人々に対する脅威を無視することはできません。組織化されてきた右派が、議会の主導権を握り、司法は、生殖に関する権利（人工妊娠中絶や避妊などの権利）、トランスジェンダーの権利、教育を受ける機会をアメリカ全土でひっくり返しています。しかし、こうした攻撃で私たちを止めることはできません。今日YDSAは、過去にないほどに強くなっています。二〇〇〇人近くのメンバーがいて、支部は一三〇に及びます。右派が上り調子で、左派が停滞していると言われる中でも、私たちには活動を拡大させる以外にはないのです」

人工妊娠中絶の権利をめぐって、YDSAは、手術に健康保険が適用されるよう運動を

展開している。コローサさんは、自分が通うNYUを含めた各支部での取り組みを紹介した。その中で重要な役割を果たしているのが、学費を稼ぐために働きながら勉強している学生たちで作る組合とのことだった。

コローサさんが演説の締めくくりで取り上げたのが、次の夏に行う合宿の紹介だ。団体の運動を活発化させるために、集中的に学習や議論を行う合宿の機会が重要なのは、政治的な信条を問わないようだ。ＹＤＳＡの夏合宿の名称は「Red Hot Summer」、直訳すれば、赤く暑い夏だ。以前の夏合宿のウェブサイトを閲覧すると、紫のベースの上に赤い鎌や赤い槌、それにバラなどを持った拳が突き上げられたデザインで、労働組合関係の集会を思わせるものだった。コローサさんは、合宿で取り上げることが想定されるテーマとして、人工妊娠中絶の権利、卒業後の労働運動への関与などと共に、中東のパレスチナの解放を挙げた。この集会が開かれていたのは二〇二三年四月で、イスラエルとパレスチナをめぐる情勢が緊迫化する半年も前のことだ。パレスチナ情勢に世間の関心が大きく注がれていなかった時期に、すでにこうした問題提起をしていたことになる。アメリカでは、ユダヤ系の政治・経済に対する影響力が大きく、伝統的にイスラエル支援の動きが目立つ。

だからこそ、今のアメリカでは、若者たちによるパレスチナ支援の動きが以前よりも目立っていることが、ある意味驚きをもってメディアによって伝えられている。二〇二四年春には、アメリカ各地の大学で、イスラエルによるパレスチナのガザ地区への攻撃に抗議するデモが発生し、警察が出動する事態になった。しかし、政府や財閥といったいわば権力者と対峙《たいじ》し、新しいアメリカを作ろうという若者たちにとっては、パレスチナ支援は自然なことのようだ。

組織強化の鍵は共感

オリエンテーションにあたる全体会が終わると、分科会に入る。若者たちは自分が関心を持つテーマの分科会に参加する。我々も関心のある分科会を自由に取材できるとのことだった。筆者が選んだのは、組織強化について検討する分科会だ。会場に行くと、すでにおよそ二〇人の学生がテーブルを囲んでいた。集会に参加しているのは、各大学にある支部から選ばれたメンバーたちだ。それぞれが、自分の大学での組織の維持や拡大に苦労しているようだ。共和党が強い南部ケンタッキー州から来た学生は、「民主党支持者は、共

組織強化を話し合う学生たち　（2023年4月14日　イリノイ州シカゴ　筆者撮影）

和党という海の中の離れ小島です。共和党の独占に立ち向かっているのは私たちだけです」と苦境を皆に訴えていた。
　車座になっている若者たちの中で、指導役の一人が立ち上がり、組織運営についての基本を滔々《とうとう》と説明していく。指導役の学生は、「大学には過激なことを主張する学生もいるが、そうではない人も多いことを認識してほしい」と、まずは不安を和らげることから始めた。その上で、「組織に参加してもらうための唯一の方法は、正しいことを実行することだ」と粘り強く正攻法で活動していくことの重要性を説いた。指導役は、南部フロリダ州から来たと自己紹介した。フロリダ州は、いわゆるミニ・トランプの一人で、二〇二四年の大統領選挙に向けて一時は立候補を表明していたデサンティス知事のおひざ元だ。YDSAの支部として、デサンティス知事が打ち出す諸政策に反対する運動を展開しているのだろう。ここで指導役が説いた正攻法は、単に「反デサンティス」で人を集めてはいけないということだった。保守派の知事に反対というスローガンを使えば、一時的には多くの人を集めることができる。しかし、それでは反対のための反対になってしまうおそれがある。結局、何を目指すのかという点について、参加者に主体的に考えてもらわないと、一時的な盛り上がりだけで終わってしまい、中長期的な組織の強化にはつながらないという意味だと理解した。対話を深めていきながら、真の同志になれるのかをじっくり見極めるのが、彼らの勢力拡大の手法のようだ。

指導内容は具体的な対策に入っていく。まずは、機会を見つけて、キャンパスの中に勧誘用のブースを設けることが大事だという。ただし、単にブースを設けるだけではだめで、LGBTQを象徴するレインボーフラッグや黒人の人権擁護を訴えるブラック・ライブズ・マターの旗などを掲げて、自分たちが何者であるかをアピールすることが重要だ。大学生は社会問題には関心を持っている。しかし、関心事は一人一人異なる。人工妊娠中絶の権利に関心を持つ学生もいれば、気候変動について見識を深めたいという学生もいる。貧困や格差に関心がある人もいるし、銃規制強化の実現に関わりたいという人もいるだろう。組織として間口の広さが大切で、運動を活発化させるためには、組織を常にアクティブな状態にしておくことが重要だという。ある時は、人工妊娠中絶について考えるイベントを行い、ある時には、気候変動を取り上げるという具合だ。こうした継続的な取り組みがメンバーのつなぎとめに効果的だという。

対面の勧誘以外にも方法はある。それはソーシャルメディアを使うことだ。ただ、YDSAは、ソーシャルメディアのX（旧 Twitter）で大きな存在感を示すほどではないという。ソーシャルメディアを使って、一方的にプロパガンダを行う手法はとっていないようだ。その代わりに分科会で提案されていたのはインスタグラムの活用だ。指導役によると、インスタグラムは、相対的に小さなグループでのコミュニケーションに向いているという。例えば、クラスメート同士でやりとりをして、徐々に組織に関心を持ってもらえばよいとのことだった。

さらに、指導役からは、ＹＤＳＡのことを大学のキャンパスで説明する際には、民主党支持なのか共和党支持なのかではなく、「自分たちは社会主義に誇りを持っている」とはっきり言うことが理解につながるという説明も行われた。支持政党で選んでもらうのではなく、個別の社会問題についてのスタンスを考えてもらい、一致点が見つかったら、自分たちの陣営に引き込むという手法だ。

実は、この手法を使っているのは、社会主義を掲げる彼らだけではない。対極に位置する保守派の「ターニング・ポイント・ＵＳＡ」も同じ手法を使っている。いずれの側も、自分の思想信条を真剣に考えるから、それに対する確信が強まり、活動への参加も熱心になる。活動に参加すればするほど自分の考えは強固になる。考えが近い人同士の対話は深まっているようだ。若者たちを取り込む技術という点では、社会主義のＹＤＳＡと保守派の「ターニング・ポイント・ＵＳＡ」には共通点も多い。

筆者は、社会問題を真剣に考えることを否定するつもりは毛頭ない。無関心にならず、むしろ積極的に考えるべきだ。ただ、対立する相手との対話をはじめから拒否し、過激に批判するだけになると、分断は固定的になってしまう。社会主義を掲げる若者たちは、内

YDSA年次総会の締めくくり　（2023年4月16日　イリノイ州シカゴ　筆者撮影）

心では、保守派の若者に自分たちの考えが受け入れられることはないとわかっているだろう。しかし、対話による歩み寄りの可能性は否定しないというスタンスのようだ。

団結の歌

集会の最終日は、全員が一堂に会して、閉会行事だ。赤い地に白い文字で「社会主義は勝つ」と書いた横断幕などを掲げて、団結の歌を歌った。「Glory, glory Hallelujah」という歌詞の「リパブリック賛歌」などと呼ばれる曲と同じメロディーだ。「Glory, glory Hallelujah」の部分は、「Solidarity forever」つまり、「団結は永遠に」という歌詞で歌われた。歌詞は何番まであったのだろうか。正確には覚えていないが、かなり長かった。保守派の「ターニング・ポイント・ＵＳＡ」がエレクトリック・ギターによるアメリカ国歌の演奏だったのに対して、ＹＤＳＡは、「団結は永遠に」という全員による合唱だ。アメリカ国歌はクールだったが、団結の歌には微笑ましさを感じた。

閉会行事が終わると、全員で建物の外に出て記念撮影だ。そして、彼らは全米各地の大学に戻り、それぞれが責任を持つ支部の活動に取り組む。志を共にする仲間が各地で奮闘しているという気持ちを支えに活動に励むのだろう。

反トランプとして設立される団体

保守派に対抗する動きを活発化させているのは、ＹＤＳＡのような歴史のある団体だけではない。プログレッシブ＝進歩的であることを打ち出した新しい団体が次々に立ち上がっている。彼らは、例えば、連邦最高裁で人工妊娠中絶の権利を認める判断が覆された時、権利の保護を訴える街頭活動を全米各地で展開した。

ここで押さえておきたいポイントは二つだ。一つは、保守派の活動が存在感を増すと、対抗する動きも活発になるという作用反作用の現象がアメリカの若者たちの間で起きていることだ。もう一つは、若者たちの間に存在する対立軸は、二〇二四年の大統領選挙に向けた動きを展望した際、共和党のトランプ前大統領対民主党のバイデン大統領という対立軸と必ずしも重なっていなかったことだ。「ターニング・ポイント・USA」のような団体のメンバーは、選挙に行けばトランプ前大統領に投票するだろう。積極的な支持者なので、投票に行くだけでなく、支持拡大の運動にも熱心に取り組むはずだ。一方、プログレッシブ=進歩的であることを掲げる若者たちには、バイデン大統領は中道すぎて、物足りないと映っているようだ。仮にバイデン大統領が立候補していた場合、投票はしただろうが、それは積極的な支持ではなく、トランプ氏の再任を阻止するためだけという消極的なものとなったであろう。消極的だから、支持拡大に積極的に関わってきたこともなかったようだ。ただ、民主党の候補者は、バイデン大統領よりは、彼らに政治的スタンスが近いハリス副大統領になった。そのことで、若者たちの動きにどれだけの変化が起きるかは、大統領選挙の行方を展望するにあたって重要な要素の一つになりそうだ。

Z世代のために

トランプ政権下で設立された団体の一つが、「明日の有権者たち」を名乗る「Voters of Tomorrow」という団体だ。団体のウェブサイトによると、メキシコからの移民の高校生が若者の政治参加を促そうと、二〇一九年に、Z世代のための、Z世代による団体として発足させた。二〇二二年に行われた中間選挙にあわせて、若者たちによる政治サミットという会議を開催し、その後、のべ人数で八〇〇万人以上の若者の有権者に電話、ショートメッセージ、対面で接触したという。現在は二〇州に支部があり、ボランティアは全米五〇州すべてにいるという。

カリフォルニア州支部の二人の大学生がインタビューに応じてくれた。インタビューを行ったのは、大統領選挙の年が始まったばかりの二〇二四年一月。筆者が前年の夏まで勤務していたNHKのロサンゼルス支局に来てもらった。インタビューの場所に街中のコーヒーショップではなく、職場を選んだのは、二人とも女子学生である上、会うのは初めてなので、安心して来てもらいたいという考えからだった。

支部を取り仕切る二人は、UCバークレー＝カリフォルニア大学バークレー校で文学を専攻するジアン・トランさんと、UCLA＝カリフォルニア大学ロサンゼルス校でヒューマンバイオロジーと経済・経営を専攻するアーシ・ジャワーさん。共に大学一年生の一八歳だ。トランさんはベトナム系で、ジャワーさんはインド系だ。

アーシ・ジャワーさん（左）、ジアン・トランさん（中央）、筆者　（2024年1月12日　NHKロサンゼルス支局　筆者提供）

インタビューでは、活動に関わる動機から話してもらった。トランプ大統領の登場に危機感を抱いたというトランさんはこう語る。

「私はベトナム系の家庭で育ちました。両親は共に難民としてアメリカに来たのです。私にとって大きかったのは、二〇一六年の大統領選挙です。トランプ氏が大統領に選ばれました。私はまだ中学生でした。しかし、私は、特に極右の人たちが大騒ぎしているのを見て、これは明らかに正しくないと思いました。白人至上主義とヘイトのメッセージの流入が起きていました。私は自分に『よし、しっかりと足を地につけて動き始めよう』と言い聞かせました。私は活動に参加し、私のような若い世代の人々を動かすことに情熱を注いでいます」

一方のジャワーさんは、同じ頃にアメリカが抱えるさまざまな社会問題への関心を強めていったという。

「私の両親はインドから移民として来ました。私たち子供に明るい未来を生きてほしいという思いからです。しかし、私は、自分が成長する中で、多くの差別的なことが見えるようになりました。そして、私は銃による犯罪、心の健康、体の健康という問題に関心を持つようになりました。私は医者になりたいと思っていたのですが、交通事故に遭ってしまいました。大変な治療を経験し、この国の健康保険システムは、あまりにもお役所仕事的で、人々は困難に直面し、多額の支払いを求められ、さらに医療サービスは遅いということに苦しんでいるとわかったのです」

次に支部の活動内容について説明してもらった。支部は州内の大学生や高校生で構成され、メンバーは七〇人ほどだという。支部の中は、チームに分かれている。コミュニケーションチームはソーシャルメディアでの発信を担当し、新聞への寄稿なども行う。政治チームは、選挙の候補者の中から推薦する人物を選び、その候補者の選挙運動に参加する。電話や携帯電話のショートメッセージで陣営への寄付を求めたり、戸別訪問で支持を呼びかけたり、候補者の名前が書かれた看板を掲示したり、活動内容はさまざまだ。実働部隊として動いてくれるのだから、陣営としてはありがたい存在だろう。一方、政策チームは、若い世代にとって必要な政策を考え、それを実現するための法案まで書くという。例えば、彼らは若い世代の投票率を高めたいという問題意識を持っているので、高校での授業に主権者教育を取り入れることを実現する法案などを起草しているそうだ。そして、彼女たちが強調していたのが、取り組みは若い世代のためであり、活動しているのも若い世代という点だった。

彼らが取り上げるテーマは、銃規制、医療・健康、ホームレスの人々の増加などを招いている家賃高騰、気候変動、持続可能な社会の実現など多岐にわたる。ジャワーさんは、「若い世代は、さまざまな社会問題の中で育ってきました。その度合いは上の世代よりも深いのです」と、Z世代のニーズに焦点を当てることの重要性を強調する。そして、自分たちはプログレッシブだという。プログレッシブの定義を聞いてみると、トランさんは、「保守派は伝統主義に根差しています。これに対して、プログレッシブは、物事を前に進めて、良い方向に変えたいという意味です。そして、それは特にZ世代の考えを反映していると言えるのです」と説明してくれた。彼女たちがZ世代という言葉を強調するので、団体としては、具体的にどの年齢層をターゲットにしているのかを聞いたら、基本的には一九九七年生まれ以降とのことだった。団体は、特定の政党を支持しない、いわゆるノンパーティザンであるが、自分たちが求める政策の実現可能性などを考えて選挙で推薦する候補者を決める際には、結果として、民主党の候補者が多いという。

アメリカの若者たちの中には、彼女たちが熱く語るようにプログレッシブであることを求める若者も多いが、第一章で取り上げたように保守派の若者たちの活動も目立っている。若い世代での分断について、二人はどう認識しているのだろうか。ジャワーさんは、こう切り出した。

「アメリカは、他の民主主義の先進国と比べて、保守化、右傾化が最も進んでいると思います。アメリカでは、よりリベラルとされている政治家であっても、アメリカ以外の国に行けば、保守というカテゴリーの中に含まれるかもしれません」

かつての保守は、中道寄りから、今でいうところの極右までウイングが広かったものの、現在の共和党を見てみると、中道寄りではすぐに大統領候補になりえる政治家は存在せず、まるでトランプ前大統領を支持する極右のための政党のようになっていて、かつてよりも重心が右に動いたという認識だ。

ジャワーさんは、支部の活動を行う中で遭遇したある出来事を話してくれた。カリフォルニア州の州都サクラメントで、仲間と一緒に銃規制強化の活動をしていたところ、右派の人たちと偶然出くわしたという。彼らは、自分たちと言葉を交わそうとはせず、一方的に活動を妨害してくるような感じだったそうだ。プログレッシブであることは、別に保守を否定することではないし、両者の対話は可能だと常々考えているジャワーさんにとっては、ショックな出来事だった。

保守派の拡大に強い懸念を持っていることは理解できたが、それに対抗するための戦略はどう考えているのだろうか。ジャワーさんからの回答は明快なものだった。

「彼らは、小さなポケットの中のような狭いところで生きています。しかし、全米で大きな影響力を持っています。なぜなら、彼らは常に投票に行くからです。そして、トランプ氏のような人を支えているのです。彼らがアメリカという国を代表しているわけではありません。単に他のグループの人たちよりも投票に行くというだけです。ですから、私たちのゴールは、極右の運動を支持しない人々に動いてもらうことなのです。ある意味、昔ながらの手法です」

また、トランプさんは、「ターニング・ポイント・USA」のような保守派団体の活動が目立つのは、メディアには視聴者や読者が興味を持ちそうなことから取り上げる傾向があることも理由の一つであり、それでは彼らの思うつぼだと考えている。そして、トランプさんも、筆者と同様に、巨額の資金がどこに、どう流れているのかに関心を持っていた。

「結局のところ、アメリカでは悲しいことに、選挙資金の透明性がないのです。いわば政治屋のような人たちが、特にロビー団体とどういうことで合意しているのかがまったく見えないのです。連邦レベルでも、それ以外のレベルでも、腐敗をなくし、透明性を確保することが、違った考えを持つグループ同士の歩み寄りを促すことにつながるかもしれないと考えています」

トランさんは、二〇二四年の大統領選挙でトランプ氏が返り咲く可能性があると考えている。それは、「トランプ氏は、白人の不満を武器にする能力がとても高い」と見ているからだ。一方で、楽観できる材料もあると考えている。それは二〇二二年の中間選挙の結果だ。当初は共和党の圧勝、いわゆる「レッド・ウェーブ」が予測されていたが、共和党の勝利はそれほどではなく、トランさんは、Z世代が投票に行って、波を食い止めたからだと受け止めている。

予定していた一時間はあっという間に過ぎた。支局があるビルの駐車場には、トランさんの父親が、カリフォルニア州でも人気のテスラの電気自動車で二人を迎えに来ていた。年齢は筆者とあまり変わらないようだ。彼女たちの活動は、二人の情熱が原動力なのはもちろんだろうが、きっと親も懸命に応援していて、それも支えになっているのだろう。車が駐車場から出ていく様子を見ながら、そんなことを考えた。

第三章　分断回避を試みる若者たち

第一章では分断を扇動する若者たち、第二章では分断に対抗する若者たちを取り上げた。そして、第三章では、分断の回避を試みる若者たちの動きを取り上げる。キーワードは学びだ。

エスニック・スタディーズ

アメリカの社会問題を考える上で避けられないのは人種問題だ。人種問題は、さまざまな社会問題の背景にビルトインされている。ＵＣＬＡのカレン・ウメモト教授は、「人種は、アメリカという国の形成で中心に位置してきた問題です。人種同士の関係、人種間の不平等、人種間の従属関係といった問題を抱えてきたのです」と語る。

例えば、近年特に注目が集まる経済格差の問題。ここにも人種問題が構造的に組み込まれていると見ることができる。アメリカの都市は、人種ごとに住むエリアが分かれていることが多い。白人が多く住むエリア、黒人のエリア、そして、ヒスパニックのエリア、中国系のエリアなどという具合だ。一つの都市を車で走ると、建物の高級感、公園や街路樹の整備の度合い、建物の窓ガラスの鉄格子の有無、路上放置された車の有無などに違いがあることに容易に気付く。アメリカでは、一九世紀後半に奴隷制が廃止されたものの、白人と黒人の間には、さまざまな制度上の差別が残ってきた。一九世紀後半以降、アメリカに来たアジア系移民は、中国人であれ、日本人であれ、鉱物の採掘、農業など労働集約的な仕事に従事し、白人が支配するアメリカ経済を支えてきた。その後、新たな労働力として来ているのが、中南米諸国にルーツを持つヒスパニックだ。市民権、永住権、あるいはビザといったアメリカ居住の法的裏付けがない人たちも相当な数に上る。アメリカ居住の法的な裏付けがないと、高収入の仕事に就くのは難しい。結果的に肉体労働などに従事することになる。もちろん事情は個別に異なるが、概して、安定した仕事を得ている白人との収入格差は広がる一方だ。そして、人種問題に根源を持つ経済格差は、そのまま教育格差につながる。つまり、教育格差についても、表面的に見る限りは教育をめぐる問題だが、その原因を探っていくと人種問題がビルトインされていることが見えてくる。

また、アメリカで常に大きな社会問題であり、一向に解決策が見出せない銃をめぐる問題。ここにも人種問題のビルトインが垣間見える。例えば、銃の見本市やガンショップに行くと、来ているのは基本的に白人が多い。なぜそうなるのか。アメリカの歴史を振り返った時、白人が強権を伴って、黒人やネイティブ・アメリカンなどの人種的マイノリティーを長年にわたって支配し続けてきたと言えるが、その強権の象徴の一つが銃だったからという見方はできないだろうか。

分断回避を試みる若者たちが、新たな視点で学びの対象にしようと取り組んでいるのが、まさにこうした問題だ。人種差別は、白人以外の視点、つまり人種的マイノリティーの視点からアメリカの歴史を見つめることで浮かび上がる。いわば正史として扱われてきた白人から見たアメリカ史とは別に、人種的マイノリティーの視点からアメリカ史を学ぶものだ。名称は「エスニック・スタディーズ」という。各民族の視点から歴史を学ぶという意味だ。取り組みが最も進んでいる州の一つが西部カリフォルニア州だ。エスニック・スタディーズは、大人の側から始めた試みではあるが、これに呼応して動き始めた若者たちは、情熱がほとばしっている。取材で出会った高校生たちは、エスニック・スタディーズの理念をすでに自分たちのものとして消化していた。そして、アメリカ社会の分断を回避するための道具として、どう使えるかについても明確な考えを持っていた。

カリフォルニア州でエスニック・スタディーズの導入が決まったのは、二〇二一年だ。州内の公立高校でのエスニック・スタディーズの履修を義務付けるもので、履修が卒業の要件になる。授業の開始は二〇二五年で、黒人、AAPI（Asian American and Pacific Islander＝アジア系アメリカ人と太平洋諸島民）、ラテン系、ネイティブ・アメリカンの歴史を学ぶことになっている。

州法へ署名するにあたって、ニューサム知事は、エスニック・スタディーズ導入の狙いについて、メッセージを発表した。

「エスニック・スタディーズの課程によって、生徒は自分たちの歴史、同級生の歴史を学ぶことができるようになる。エスニック・スタディーズが、生徒、特に有色人種の生徒にとって大きな効果があることは、多くの研究によって示されている。州法が、エスニック・スタディーズが、バイアスや偏見を認めず、すべての生徒にとって適切であるための多くのガードレールを設けていることを評価する」

ニューサム知事はこのメッセージの最後で、現代のアメリカ社会が抱える問題の根源に言及すると共に、若者たちにアメリカという国の未来を託したいという希望を表明している。

「アメリカという国は、私たちが共有してきた歴史によって形作られてきたが、その多くは辛《つら》いもので、悲惨な不正義が深く刻まれてきたものだ。生徒たちは、学習によって自分たちを見つめるべきだ。そして、彼らが、いつの日か、より正義に満ちた社会を築いてくれると期待するのであれば、彼らには、私たちの国の歴史のすべてを理解してもらわなければならない」

ここでのキーワードは正義だ。アメリカはよく自由と平等の国と言われるが、その根拠は合衆国憲法だ。憲法が保障しているからこそ、このような表現が存在する。その上で、アメリカ人の考える正義とは何か。それは、合衆国憲法で規定された権利が、実際に保障されているかどうかだ。この点は、右でも左でも、どのようなスタンスであろうと一致している。自分たちの主張は、憲法の理念と一致しているのだから、実現されなければならないというロジックだ。憲法の解釈については、筆者から見れば、我田引水ではないかと思うような主張もあるが、それでも、彼らはアメリカという国の存立基盤である憲法を根拠にするところは踏み外さない。多民族国家を一つにつなぎとめているのは、アメリカという国家の理念だ。つまるところ、それは合衆国憲法だ。

さて、エスニック・スタディーズの狙いは、平たく言えば、自分たちのことは言うまでもなく、自分たちとは異なる人種的背景を持つ人たちのアイデンティティも理解してほしいということだろう。なぜそれが必要なのか。繰り返しになるが、それを説明する根拠として、合衆国憲法の理念の実現、言い換えれば正義の実現であるとするところが、民族ではなく理念が国家統合の柱となっているアメリカという国の本質を表している。日本では、「日本国憲法に基づく正義の実現」と真正面から主張すると理屈っぽいと煙たがられるきらいがあるかもしれない。実際、帰国後、ある公的な会議に出席して、他の出席者と議論を行った際、そう感じたことがあった。ちなみに日本の法務省は英語にすれば、Ministry of Justice だ。いわば、正義を実現するための役所だ。日本でも正義の実現を主張するのは、当然の権利のはずだ。

変曲点にあるアメリカ社会

二〇二五年からのスタートを前に、カリフォルニア州では教材の準備が進んでいる。黒人、ＡＡＰＩ、ラテン系、ネイティブ・アメリカンの各カリキュラムのうち、ＡＡＰＩの教材作りで責任者を務めているのが、この章の冒頭で紹介したＵＣＬＡのカレン・ウメモト教授である。ウメモト教授はアジア系アメリカ人に関する研究が専門で、自身も日系アメリカ人だ。筆者がＵＣＬＡのキャンパスにあるウメモト教授の研究室を訪れたのは、二〇二三年四月のことだ。エスニック・スタディーズという新しい手法について、自分もある程度は知っている日系アメリカ人の歴史を通して理解するのが、最も望ましい方法だと考えたからだ。

ウメモト教授は、シルバーのショートヘアーの上品な佇《たたず》まいの研究者だ。今回の取材では教授と筆者がそれぞれ椅子に座って対面する形式で、インタビューを行うことから始めた。アメリカでは、取材する側も取材を受ける側も、足を組むことが割と普通だ。日本人からすると、取材する側の記者が足を組んでいるのは傲慢に見えるかもしれないが、アメリカのニュースでは、記者やキャスターが足を組んで大統領や閣僚に質問している姿をよく見かける。ところが、今回の取材でウメモト教授は足を組まなかった。日本式でいきましょうということで、お互いに足を組まないことにした。こんな和やかなやりとりの後、早速本題に入った。

最初に尋ねたのは、エスニック・スタディーズの必要性だ。ウメモト教授が示したのは、アメリカ社会の現状に対する危機感だった。

「アメリカ社会は変曲点にあると考えます。これほどのレベルの分極化、政治的な分極化が人種という文脈で起きているのは見たことがありません。私は、特定の政治家たちが解き放ち、ヘイトクライムを多発させている憎悪や敵意が増幅することを懸念しています。新型コロナウイルスによる苦しみとトラウマと共に、銃の拡散、貧富の分極化、ホームレスの人々の増加、メンタルヘルスの問題、これらの諸問題が、まるでシチューのようになっています」

新型コロナウイルスの感染拡大によって、人種問題に起因するアメリカ社会の諸問題が改めて顕在化したという見方には強く共感した。二〇一九年からの四年間、ロサンゼルスに駐在した筆者が取材してきたのは、多くの子供たちの命を奪った銃の乱射事件、家賃の急騰に伴って住居を失った人たち、パンデミックで仕事を失い、あるいは学校に行けなくなり、将来に希望が見出せなくなった人など、アメリカ社会が抱えるさまざまな問題に人生を振り回されている人たちだった。自分が四年間の取材を通じて感じていたのと同じ思いを専門家が抱いていることを聞いて、自分の取材はピント外れではなかったと多少の安心感を抱いた。

エスニック・スタディーズの源流は、一九五〇年代から一九六〇年代にかけての公民権運動にあるという。黒人の権利を訴えた運動だが、それからおよそ半世紀が経った今でも、エスニック・スタディーズという形で人権教育が必要だということは、問題の本質はあまり変わっていないということになる。黒人の歴史を考えるという点では、アメリカでは、有力紙「ニューヨーク・タイムズ」が始めた「1619プロジェクト」がある。トランプ前大統領の激しい攻撃の対象になったプロジェクトの名称は、アメリカに初めて黒人奴隷が到着した一六一九年に由来する。「ニューヨーク・タイムズ」が一六一九年から四〇〇年の節目となった二〇一九年に始めた。プロジェクトのウェブサイトには、「プロジェクトは、奴隷制がもたらしたもの、そして、私たちの歴史を語る上でまさに中心に位置する黒人の貢献によって、国の歴史の枠組みを組み直すことが目的だ」とある。エスニック・スタディーズの理念と共鳴するものだ。ウメモト教授によれば、エスニック・スタディーズでは、黒人の歴史はもちろんのこと、それ以外では、ハワイの植民地化、ネイティブ・アメリカンの強制移住などを扱うという。

議論を促す教材

ウメモト教授のもとでは、オンライン教材のとりまとめが徐々に進んでいる。執筆中ではあるものの、ある程度形が見えているものをサンプルとして見せてもらったのが、日系人強制収容の教材だ。

「日系アメリカ人強制収容：歴史の概要」とある。ちなみに、日系人の強制収容については、これまでは抑留という意味の internment が使われることが多かったが、最近は、単なる抑留ではなく、アメリカ政府は深刻な人権侵害を行ったという意味を明確にする観点から、投獄という意味の incarceration を使うようになっている。バイデン大統領が日系

日系アメリカ人強制収容についての教材

人の強制収容を追憶する時に出す声明でもincarcerationが使われる。人種的マイノリティーに対する意識が高くなったことの証左の一つと言えよう。

上部には、日系人の集合写真が掲載され、中央には「民主主義の中で、人々の権利はどのように侵害されるのか」という問題提起が書かれている。下部には、生徒に対する質問が三つ書かれている。

（WHY）なぜ強制収容が行われたのか。
（WHAT）何が問題だったのか。
（HOW）同じ過ちを繰り返さないための取り組みは、どう進んだのか。

生徒たちは、強制収容が行われた時代背景、その実態、そして、その後の社会への影響（ここには最終的に大統領が正式に謝罪したことも含まれるだろう）について、調べ物をしたり、同級生と議論をしたりしながら、理解を深めていくことになる。

一九四一年一二月の旧日本軍による真珠湾攻撃で太平洋戦争が始まり、アメリカでは、日本からの移民だけでなく、アメリカで生まれてアメリカ国籍を持つ日系人までもが「敵性外国人」として強制収容された。ところが、強制収容は、厳密なルールに従って行われたのではなかった。ウメモト教授が一例として指摘するのが、カリフォルニア州などアメリカ本土では一斉に強制収容が行われたものの、ハワイでは状況が大きく異なっていたことだ。当時、ハワイでは日系人の割合が四割近くを占めていた。そんな中で、日本人や日系人を全員強制収容していたら、ハワイの社会は立ち行かなくなる。このため、指導的立場にある人などだけが収容されることになった。いわばご都合主義だったのだ。この点を学習するだけでも、強制収容が、合衆国憲法に基づく正義の実現とは程遠いものだったことが理解できる。

ウメモト教授は、アメリカにいる移民の子孫の歴史を理解するためには、彼らがアメリカに来てからの歴史を学ぶだけでは不十分だと考えている。そもそもなぜアメリカに移民として来たのか、あるいは来なければならなかったのか、その理由や背景から学ぶことが必要だという。カリキュラムは、例えば、ベトナム系アメリカ人について学ぶ時には、ベトナムの歴史から学ぶように構成しているそうだ。ここには工夫がある。教科書を読むだけでは面白くないし、それだけでは生徒に興味を持ってもらうのはちょっと難しそうだ。この問題を解決するためにウメモト教授たちが考案したのが、高校生たちにベトナム料理について調べ物をしてもらうことだ。アメリカにはベトナム系の住民も一定数いて、ベトナム料理のレストランは、小さな町にも意外なほどにある。アメリカの高校生にとって、ベトナムはまったく知らない世界ではない。ウメモト教授が調べ物の対象の例として挙げたのが、バインミーというフランスパンを使ったサンドイッチだ。なぜバインミーにはフランスパンが使われるのか。それを考えるだけでも、かつてフランスがベトナムを植民地化していた歴史が見えてくる。こうして、表面的には見えないがビルトインされた歴史を理解していくという手法だ。

ロサンゼルスの公立小学校では、エスニック・スタディーズの入門編のような取り組みがすでに行われている。アメリカでは毎年五月はアジア系アメリカ人や太平洋諸島系アメリカ人の歴史や文化、そしてアメリカ社会への貢献などについて理解を深めるための「AAPIヘリテージ月間」だ。筆者の地元の小学校では、AAPIについて児童たちが学習した成果を披露する展示が図書室で行われた。室内には、赤い紙で立体的に作った中国の灯籠、韓国の伝統的な家屋や民族衣装を表現した紙工作などが並ぶ。ベトナム系のコーナーで取り上げられていたのは、やはり料理。色紙で作ったバインミーや生春巻きのゴイクンなどが、白い紙皿の上に展示されていた。

日系人の文化については、まずは桜だ。青色の花柄がついた白い磁器に桜の枝が生けられた様子を表現した貼り絵が展示されていた。クラスの児童一人一人が取り組んだようで二〇枚ほどが並んでいた。作品の横には、日本の桜にインスピレーションを受けたという説明が添えられていた。また、日本のポップアートもアメリカでは認知度が高いようだ。図書室の壁面いっぱいに張られた模造紙に、水玉が多数貼り付けられた迫力のある作品だ。アーティストの草間彌生《やよい》さんに影響を受けて制作したという作品で「The Polka Dot

草間彌生さんに影響を受けたという作品
（2023年5月30日　カリフォルニア州ロサンゼルス
筆者撮影）

ベトナム料理の紙工作
（2023年5月30日　カリフォルニア州ロサンゼルス
筆者撮影）

Princess」というタイトルが掲示されている。確かに草間さんの作品を紹介する展覧会はアメリカでも人気がある。アメリカの小学校で、日本の文化を身近に感じるということで選ばれる題材が、桜と磁器、そして草間彌生さんという点にも、アメリカ人の日本観が垣間見えて興味深かった。

一方、ＡＡＰＩのアメリカ社会への貢献を紹介するコーナーでは、偉人が語った言葉が添えられた似顔絵が展示されていた。紹介されているのは、アクション映画俳優のブルース・リー、一九八六年のスペースシャトル「チャレンジャー」爆発事故で殉職した宇宙飛行士のエリソン・オニヅカなどという顔ぶれだった。また、会場の入り口には、インドにルーツを持つカマラ・ハリス副大統領の似顔絵が貼られていた。エスニック・スタディーズは、単に多様な文化を学習するだけに留まらず、特にAAPIの子供たちにとっては、アメリカという国に貢献した偉人が自分たちと同じ人種グループからも出ていると知ることは、大きな励みや自信につながると感じた。

将来のリーダーに共感力を

エスニック・スタディーズの教材の編集を進めるウメモト教授は、エスニック・スタディーズで大事なのは、社会の分断に立ち向かう次世代のリーダーの共感力を養うことだと考えている。根底にあるのはやはり社会分断が進む現状に対する危機感だ。

「アメリカは地域ごとの分断が進んでいます。赤い州（共和党が強い州）はより赤く、青い州（民主党が強い州）はより青くなるでしょう。次の世代ではどうなっているのかわかりません」

近年は、フロリダ州やテキサス州の教育現場でいわば「禁書」の動きが進む。人種的マイノリティーやLGBTQのような性的マイノリティーの権利について書かれた本が、学校の図書館の本棚から外されている。ウメモト教授は、憲法で保障された表現の自由の侵害に当たると考えるが、保守派は、表現の自由があるのだから、学校で何を教えるのかは自由に決められるはずだと主張している。ウメモト教授はこう語る。

「禁書の動きはファシズムへの第一歩です。図書館司書の仕事を政治化しているのです。彼らが禁止しているのは、有色人種、先住民の歴史や声について書かれた本です。『あなた方が書いていること、語っていること、そして歴史は無意味です。重要ではありません』などと言われたとしたら、それは本当に侮辱的なことです。禁書を進めるような社会になることは非常に危険です」

こうした時代だからこそ、ウメモト教授は、違うグループとのコミュニケーションを図る能力が重要であり、若者たちには、エスニック・スタディーズを通じて、それを学んでほしいと願っている。ここでのキーワードは、エンパシー＝共感する力だ。

「アメリカという国の歴史は、不平等によって形作られてきました。そして今は格差の問題があります。社会的格差、経済格差など、さまざまな問題です。エスニック・スタディーズを学んでいる人たちは、私たちの国で将来偉大なリーダーになるでしょう。なぜなら、彼らは学びを通じて、誰とでもコミュニケーションがとれる能力を身につけると思うからです。そう思いませんか。それは他者に対して、いかに共感するかということです」

アジア系高校生の叫びがビデオに

エスニック・スタディーズがカリフォルニア州で正式に公立高校の課程に組み込まれるのは二〇二五年からだが、すでに試験的な取り組みを始めている高校もある。カリフォルニア州アーバインにあるポートラ高校だ。アーバインは、ロサンゼルスから車で南東へ一時間一五分ほど、大谷翔平選手が所属していた大リーグ・エンジェルスの本拠地アナハイムの先にある。アーバインはアジア系住民の割合が高い。二〇二三年七月現在、住民に占めるアジア系の割合は四四・三パーセントと最も多く、白人は四〇・一パーセントだ。メキシコとの国境までは車で二時間もかからないが、「ヒスパニックまたはラテン系」の割合は一一・二パーセントに留まる（アメリカ国勢調査局のウェブサイトより）。日本企業も進出している。現在の市長はパキスタン系の女性だ。筆者がポートラ高校を訪れたのは二〇二三年五月。教室には長年アメリカで暮らしているという日本人の男子高校生もいて、筆者と日本語でやりとりをしていると、クラスメートからは「日本語をしゃべっているよ」と歓声が沸いた。

今回取材先にポートラ高校を選んだのは、アジア系に対する偏見と対処法について考えるビデオを共同制作した四人の高校生がいたからだ。彼らが制作したビデオのタイトルは、「Pressure to Perform: Addressing the Model Minority Myth」。筆者なりに訳せば、「やらないといけないプレッシャー：模範的マイノリティー神話への対処方法」だ。二〇分ほどの力作だ。同じ画面に並んだ四人がカクカク動くところはアニメのようで、アジア系の若者が制作したビデオらしいと感じた。YouTubeで見ることもできる。

ビデオは、彼らが日常的に感じているアジア系に対する偏見の告白から始まる。四人が代わる代わるテンポ良く登場し、よくかけられる言葉を紹介した。「英語が上手だね」、「本当はどこの国から来たの」、「アジア系の割には可愛《かわい》いね」という具合だ。家庭では別の言語を話しているとしても、少なくとも学校では英語で教育を受けている。それなのに、声をかけてくる相手は、彼らのことを外国人だと思い込んでいるという典型的な例だ。次にビデオは、勉強についてのアジア系への固定観念を取り上げていく。「成績がBだったの。それはアジア系にとってはF（落第）という意味でしょ」、「君の専攻を教えて。僕が想像するに、きっとコンピューター・サイエンスだね」、「君は医者になるつもりでしょ」

高校生たちが制作したビデオ　（YouTubeより）

と三連発だ。アジア系の家庭は、子供の勉強に厳しいという固定観念に基づくものだ。ただ、この傾向は、筆者の経験では、あながち間違いではない。そこが固定観念の厄介なところだ。息子が通うロサンゼルスの小学校では、試験の成績や教師の評判、進学させたい中学校、それに関連したギフテッド認定の制度など、子供の教育について熱心に話をしているのは、日本、韓国、中国、台湾から来た母親たちが多い。ただ、アジア系の母親が、一〇〇人が一〇〇人、それこそ、アメリカで中国系の教育熱心な母親を指す時に使う「タイガー・マム」というわけではもちろんない。結局は家庭ごとに子育ての方針は異なる。

せっかくなので、ロサンゼルス統一学区の教育委員会が導入しているギフテッドの認定制度についても少し触れておこう。「知性」という分野では、認定のカテゴリーは、「ハイリー・ギフテッド」、「ギフテッド」などと分かれている。また、英語や数学という特定の科目での能力を認める例もある。こうした認定があれば、公立のいわゆる進学校への入学に有利になる。その先には、UCLAやUCバークレー、さらにはアイビーリーグといった名門大学への進学も視野に入る。こうした公立高校の生徒による学校紹介のオンライン・ミーティングに参加したことがあるが、卒業生の進学先一覧が出てきたところは、日本の大学受験事情とも重なった。

ギフテッドの認定は、筆記試験でふるいにかけた後、カウンセラーと呼ばれる人たちが各小学校に来て子供たちとの面接を行い、総合的な判断で決定される。筆者の地元の小学校では、面接まで進んだのは、ほとんどがアジア系の子供だったようだ。

いわゆる勉強以外の「ギフテッド」もある。ロサンゼルス統一学区では、「知性」以外の分野では、クリエイティブ能力、リーダーシップ、ビジュアルアーツ、パフォーミングアーツ（ダンス、ボイス、ドラマ）というものがある。芸術などの才能についても、学校側が小学生のうちに見極めをするのがアメリカらしい。

模範的マイノリティー

話をポートラ高校の生徒たちに戻そう。ビデオは、生徒たちの告白に続いて、タイトルに出てくる「模範的マイノリティー」という概念を取り上げる。言葉の定義は以下のように説明されている。

「マイノリティーのグループ、もしくはそのグループに属する人で、固定観念的に他のグループよりも成功していると見られている。アジア系アメリカ人について頻繁に使われる」

そして、ビデオは「模範的マイノリティー」という言葉には、肯定的な意味と否定的な意味の両方が含まれていることを紹介していく。アジア系は、一般的に仕事熱心で、従順であるとみなされている。こうした特性がプラスに働き、社会的な成功を勝ち得た典型的な例が日系アメリカ人であると認識されている。日系人は、太平洋戦争中は、敵性外国人として強制収容され、戦後も苦難の道を歩んできたが、アメリカ社会での立ち位置を確保するための努力を積み重ねてきた。ここまではおおむね肯定的な意味だろう。一方で、「模範的マイノリティー」という言葉の使用には、黒人による公民権運動を否定する意味もあったとされていることをビデオは説明していく。それは、「アジア系は模範的に生きているのに、黒人は公民権運動で権利ばかりを主張していて模範的からは程遠い」という人種差別的な白人から見た視点に基づくものだ。「模範的マイノリティー」という言葉は、表面的にはアジア系を評価している。しかし、人種的マイノリティー同士が連帯して、白人支配に抵抗するという動きを阻止する意味もあり、結果的に、白人によるアメリカ社会の支配を維持することに寄与したとも考えられているのだ。

続いて、ビデオは、アジア系が「模範的マイノリティー」の役割を果たし続け、その中に自分たちが取り込まれていることを取り上げる。そして、社会の固定観念から解放されるためには、「アジア系は賢い」とか「アジア系は寡黙」という期待に合致するように行動するのではなく、一人一人がありのままに生きることが大事だと結論付けた。

ビデオはYouTubeで公開されただけでなく、二〇二三年四月下旬、UCI＝カリフォルニア大学アーバイン校で開かれた教師の研修会でも披露された。研修会は、教育現場でAAPIのアイデンティティや歴史を取り上げる際の手法などを検討するために開かれた。アーバインでの開催ということもあってか、やはりアジア系の参加者が多い。ちなみに研修会につけられた副題は、「正義のための教育」だった。アメリカの教育が目指すのは、やはり正義の実現なのだ。

ビデオは、所要時間五〇分の分科会で上映された。上映後、教師からは、「(公民権運動が行われていた)一九六〇年代に私は育ったが、それから六〇年が経過しても、私たちは同じ問題を抱えていることを認識した」などと内容を評価するコメントが出された。また、「力強い内容だった。ポートラ高校だけでなく、地域全体、州全体に良い影響を与えるビデオになるだろう」などという賞賛の言葉もあった。ただ、それだけではなかった。教師たちの発言から垣間見えたのは、アジア系というアイデンティティをどう認識するかについての世代間の違いだった。例えば、次のような発言だ。

「アジア系アメリカ人は、自分の頭で考えるよりも、何か恥ずかしいという感情を抱きながら大きくなってきたが、それは間違いだったということを理解させる内容だった」

教師たちの世代、あるいはその親の世代が若かった頃は、アジア系に対する人種差別は今よりも厳しかった。当時は「模範的マイノリティー」となることが、自分たちがアメリカ社会で生き残るため、そして、子供たちを守るためには、最善の選択だったに違いない。これに対して、今の若者たちは、「模範的マイノリティー」の枠組みに縛られることなく、一人一人の個性が尊重されるべきだと主張する。若い世代になるほど、人格の中で、アジア的な要素が減って、アメリカ的な要素が増えているという言い方もできるだろう。それについては、上の世代の心の中では、いろいろな感情が入り混じっていると推測する。ただ、アメリカ社会の中で、アジア系の若者たちが、固定観念の殻を破り、一人のアメリカ人として生きていくべきと考えていること自体は、肯定的に受け止めてよいと思う。

旧世代の教育からの決別

ポートラ高校の取材では、ビデオを制作した四人の高校生、指導に当たった教師、それに筆者でディスカッションを行い、それをそのまま撮影することにした。生徒は、中国系のエリー・リアンさん、韓国系のマディソン・チャンさん、ベトナム系のアセリン・グエンさん、インド系のアージット・シンさんの四人。リアンさん、チャンさん、グエンさんは女性で、シンさんだけが男性だ。

彼らには、ビデオが、同級生だけでなく、他の学校の教師からも高い評価を得たことについて、一通り感想を話してもらった後、今の歴史教育のカリキュラムについて思うことを語ってもらった。切り出したのは、インド系のシンさんだ。

「歴史の授業でアジア系アメリカ人のことを扱うのは、基本的にネガティブなことだけです。アメリカに移民として渡ってきたはずなのに、ほとんど何もしてこなかったかのような扱いです。扱うことと言えば、一八八二年の中国人排斥法、それから、第二次世界大戦で日系人が強制収容されたことなど、いつも、ネガティブ、ネガティブ、ネガティブ、ネガティブという感じです。だからこそ、私たちが作ったビデオが、アジア系に対するポジティブな見方を生み出してくれることを期待しています」

ベトナム系のグエンさんは、家庭では、自分たちのルーツについて話したり、考えたりする機会が意外に少なかったかもしれないと告白した。

「私は、ベトナム系アメリカ人として、ベトナム戦争のこと以外に自分たちの文化を深く教えてもらったことがありません。本当に悲しいことです。加えて、私の両親はアメリカナイズされていて、歴史のことをそれほどたくさん教えてくれませんでした。一方で、私たちの世代はより進歩的です。学校でエスニック・スタディーズをやるのはとても大事なことだと思います」

グエンさんの問題提起に、すぐにインド系のシンさんが応じた。

「その通りだと思います。問題を避けることは、誰も救うことにならないし、状況を悪化させるだけです。だから、部分的なことを教わるのではなく、全体で真実を教えてほしいのです」

エスニック・スタディーズが正式に導入される前から、彼らはすでに本質をつかんでいると感じた。

指導に当たった教師の一人、バージニア・グエン先生は、別の問題点を指摘した。ベトナム系女性のグエン先生は、ポートラ高校に留まらず、他校でのエスニック・スタディーズの導入でも指導的な役割を果たしている。UCIでの研修会では、中国系の女性教師と共に基調講演を行い、「強力なデュオ」などと紹介されていた。グエン先生が言及したのは、アジア系の親も生徒も「模範的マイノリティー」になることに縛られすぎていることの弊害だ。

「アジア系アメリカ人であることは、他のコミュニティーに属することとは大きく異なります。私自身もそのことを経験してきました。成績がAではなくBだったら、生徒は内心で傷つき、自分は失敗したと深く思い込むのです。競争が激しすぎて、時には生徒同士が助けあわないということも起きています。しかし、これは生徒たちにとって危険なことですし、コミュニティーにとっても危険なことなのです」

一方で、グエン先生は、「模範的マイノリティー」という概念が、人種的マイノリティーの分断を生んだという指摘については、解決策があると考えている。グエン先生のアイデアの一つは、マイノリティー同士が人種の壁を越えて連帯することの重要性を教えることだ。これにはすでに先例があるとグエン先生は説く。例えば、公民権運動では、黒人の指導者マルコムXとユリ・コウチヤマという日系人女性活動家が一緒に活動していた。N

HKの支局が入るロサンゼルスのビルでは、先ほど紹介した「AAPIヘリテージ月間」にあわせて、一階のロビーに、アメリカで活躍したアジア系アメリカ人らのポスターが掲示され、その中でユリ・コウチヤマも紹介されていた。それだけアメリカ社会、特にAAPIの中では重要な人物の一人と言うことができる。グエン先生は、こうした事実を教えれば、異なる人種間での連帯が進むはずと考えている。

エスニック・スタディーズで分断回避を

グエン先生は、エスニック・スタディーズの導入を引っ張っている立場だが、自分自身の役割についてはこう切り出した。

「私は一人の教師に過ぎません。大切なことは若い世代が何を求めているのか耳を傾けることです。生徒たちはハングリーに求めているのです。私の仕事は、何を考えるべきかを教えることではありません。自分たちで考えられるようになる道具を与えることなのです。自分たちで考えることが大事なのです」

謙虚なグエン先生だが、エスニック・スタディーズが創る未来には大きなビジョンを持っていた。

「アメリカという国は、非常に異なる要素から成り立っている国です。それぞれが異なる信条を持っていますが、互いのことを聞いて、理解しあわなければなりません。私はいつも共感力を持つようにしています。アメリカン・ドリームを本当に信じているのであれば、エスニック・スタディーズのことも信じてほしいのです。エスニック・スタディーズが分断を解決するわけではありません。ただ、エスニック・スタディーズは、人々が互いのことを聞き、知り、そして、共感するという手順を実践することにはつながります。それだけでも価値があるのです」

人種や出自に関係なく、実力と情熱があれば誰でも成功できるというアメリカン・ドリームの理念は、今も消えていない。ここにグエン先生が教師として信じている正義があるようだ。そして、グエン先生の思いは、生徒たちと共有されているようだ。中国系のリアンさんは力強くこう語った。

「エスニック・スタディーズに反対している人が理解すべきなのは、教育は、人々を分断させるものではないし、論争や不一致を生み出すためのものでもないということです。教

ポートラ高校の生徒・教師らと
（2023年5月18日　カリフォルニア州アーバイン　筆者提供）

育は、問題の解決に向けて、私たちがどうやって一つになるのかを教えてくれるものです」

一通りの議論を終えた後、生徒たちは今後の進路について語ってくれた。中国系のリアンさんは、大学で国際関係論を勉強したいということだったし、ベトナム系のグエンさんは、経済を専攻するつもりだが、日本にも留学したいと話していた。大学での専攻、その後の進路はそれぞれでも、エスニック・スタディーズのいわばプロトタイプを自分たちで学んだ経験は、将来、彼らが社会のリーダーとして活躍する時に大きな支えの一つになるだろう。

大学生たちの自主的な取り組みも

社会の分断をめぐる問題の源流を人種問題に求める動きは、エスニック・スタディーズに留まらない。大学生たちによる取り組みも進んでいるので、紹介しておきたい。

筆者が訪れたのは、ロサンゼルスから車で太平洋沿いに西進して二時間足らず、人口九万人弱のサンタバーバラ。ここにあるUCSB＝カリフォルニア大学サンタバーバラ校の学生団体「UCSB Nikkei Student Union」＝UCSB日系人学生会を取材した。メンバーは一〇〇人ほど。日系アメリカ人を中心に、日本から来た学生、日本に関心を持つアジア系の学生などが参加している。普段は、日本のアニメ映画の上映会を開いたり、男子学生がコスプレしたメイドカフェを出したり、時には、カレーライスやみそ汁、そばなどの模擬店を出すなど、アメリカの若者の感性で日本文化を楽しんでいる団体だ。ロサンゼルス周辺の大学の日系人学生会は合同で運動会も開催する。競技は騎馬戦や玉入れなどと日本的で、各団体ともしっかりと練習を行った上で本番に臨み、当日は大いに盛り上がるそうだ。UCSB日系人学生会では、お揃いのパーカーを作っているが、アニメ風のイラスト

折り紙を楽しむ学生たち
（2023年2月16日　カリフォルニア大学サンタバーバラ校　筆者撮影）

にＮＩＫＫＥＩの文字が施されたデザインだ。アニメ風というところに彼らがクールと考えている日本のイメージが見えてくる。

普段は日本をいろいろな形で楽しんでいる学生たちが二〇二三年二月に企画したのは、太平洋戦争中の日系人強制収容について自分たちで考える集会だ。このタイミングで開催したのは、アメリカでは二月一九日が日系人強制収容に思いをはせる「追憶の日」とされているからだ。一九四二年のこの日に、当時のフランクリン・ルーズベルト大統領が大統領令九〇六六号に署名し、これを根拠として強制収容が行われた。バイデン大統領は毎年声明を発表している。この年の声明は、「日系人の強制収容は人種差別、恐怖、外国人への嫌悪を放置すると何が起こるかを私たちに思い起こさせる」というもので、「二度とないように」と日本

UCSB日系人学生会の集会
（2023年2月16日　カリフォルニア大学サンタバーバラ校　筆者撮影）

語を使って声明を締めくくっている。集会では、アジア系アメリカ人の歴史が専門のUCSBの教授から概要の説明を受けた後、学生たちによる討論が行われた。学生からは、「強制収容の問題が現在にもつながっていると認識しました」とか、「強制収容を忘れてはいけません。過去を乗り越え前に進むことが大切です」などと、過去の問題ではなく、現代にもつながる問題だという発言が相次いだ。学生会の代表を務めるのは、アスミ・シュダさん。日本人でアメリカでの生活が長い。日常会話は日本語と英語の両方を使っているが、学生会の活動は英語で行っていることもあり、インタビューは英語で行った。シュダさんは、「私たちの両親や祖父母たちの世代はこのトラウマを黙って耐えてきたのです。若い世代もこの残虐行為を心に刻み、次の世代に語り継ぐことがとても大切です」と力強く語ってくれた。集会に手ごたえを感じているようだった。

彼女の発言で注目すべきは、上の世代が黙って耐えてきたという点だ。太平洋戦争後、日系人がアメリカ政府に補償を求める運動を行ってきたことは事実だが、一方で多くの日系人が有形無形の差別に苦しみ、子々孫々がこれ以上同じ苦痛を味わうことがないようにと耐えてきた。アメリカで日系人関係の博物館などに行くと、日系人の精神を表すものとして、「我慢」とか「仕方がない」という言葉が紹介されているのをしばしば見かける。上の世代にとっては我慢が美徳だった。これに対して、若い世代はよりアメリカナイズされていることもあり、権利を主張する。アイデンティティに対するプライドも強くなる。これは日系人に限ったことではない。アメリカの人種的マイノリティーの意識が変化してきたことで、多様性を尊重すべきという意識も高まってきた。

こうした流れは保守派の白人には、どう見えるのだろうか。一九五〇年代から一九六〇年代にかけて、黒人の活動家たちが人種差別の撤廃を声高に訴えた公民権運動に重なって見えるという人もいるだろう。これまでは自分たちが支配してきたが、今度は自分たちが復讐《ふくしゅう》を受ける時かもしれないと恐怖心を募らせている人もいるだろう。恐怖心を募らせた人々が集団になると、どのような行動をとるだろうか。それは、相手との対話ではなく、相手を排斥あるいは排除しようとする敵対的な行動だろう。第一章で取り上げた保守派の若者たちによる敵対勢力に対するデーモナイズ＝悪魔化は、まさにその典型ではなかろうか。白人中心というこれまでの秩序の構造が変えられてしまうという恐怖心が一度芽生えてしまうと、その恐怖心を取り除くのは容易ではないだろう。その点では、人種をめぐる秩序が変化する過程において、グループ同士の分断が深まっていくのは、ある意味、自然な流れでもあり、放置すると深刻化する。だからこそ、分断を回避するための手立てを社会全体で考えなければならない。

超党派の軸足は外さない保守

社会の分断は回避しなければならないという危機感は、共和党支持者の中にも存在する。

ロナルド・レーガン記念図書館
（2023年4月3日　カリフォルニア州シミバレー　筆者撮影）

第一章で紹介したような分断を扇動しているように見える団体ではなく、必要な時には超党派の連携も必要と考えている人たちだ。

ロサンゼルスから車で西北西へおよそ一時間のカリフォルニア州シミバレー。小高い丘の上にあるのがロナルド・レーガン記念図書館だ。先述したようにレーガン大統領は、冷戦を終結させた大統領として、死去から二〇年が経った今も「強いアメリカ」の象徴として人気のある政治家だ。図書館と博物館の機能を有する建物は、まるで飛行機の格納庫のように巨大だ。天井に近い高い位置には、大統領専用機エアフォース・ワンが展示されている。二〇二三年四月には、台湾の蔡《さい》英文総統が、中米諸国訪問の帰路に訪れ、共和党のケビン・マッカーシー下院議長との会談の会場にもなった。会談終了後、蔡総統とマッカーシー議長は筆者たち記者団の前に並んで立ち、それぞれが英語で声明を読み上げた。二人の背中越しで存在感を示していたのが、エアフォース・ワン。アメリカという国の存在感を世界に発信するには、うってつけの場所の一つであるように思われた。

台湾の蔡総統が来た時には、厳重な警備が行われて物々しかったが、二〇二二年一〇月に訪れた時には、ロサンゼルス郊外の小学生たちが遠足で来ていた。図書館の中には、ホワイトハウスの大統領執務室や記者会見場が再現されている。さらに驚いたのは、アメリカによる外国への侵攻について、オペレーションのあらましを知ることができる学習施設もあることだった。部屋の中には、四、五人が一つのグループになって座れるようテーブルがいくつも並べられていた。それぞれの席の前にはタブレットが置かれていて、ゲーム感覚でオペレーションを体験する。この時に取り上げられた作戦の名称は「オペレーション・アージェント・フューリー」。一九八三年、カリブ海の島国グレナダにレーガン政権

ロナルド・レーガン記念図書館の学習施設
（2022年10月19日　カリフォルニア州シミバレー　筆者撮影）

下のアメリカが侵攻し、左翼政権を倒してアメリカ寄りの政権を樹立したいわゆるグレナダ侵攻だ。アメリカが軍事力を行使し、左翼政権を倒したことについては、国際社会から非難の声も出たが、この施設では、強いアメリカを体現した一例として位置づけられているようだ。

作戦の概要を理解した小学生たちは、模擬大統領執務室に移動し、それぞれが大統領役、国務長官役、国防長官役などになって、作戦開始を決定したり、現地の報告を受けたりした。作戦が終了すると、大統領役らが記者会見場に行き、記者役の小学生から質問を受けるという流れだ。日本人である筆者からすると、ぎょっとするほど軍事的色彩が濃いという印象を受けた。
ただ、アメリカの大統領は、行政のトップであるだけでなく、軍の最高司令官でもある。アメリカという国家は、少なくとも日本との比較では軍事国家の要素が強く、さらには帝国主義的な要素さえも包含している。共和党は保守だから軍事志向で、民主党はリベラルだからその反対という見方は正しくない。リベラル色が強いとされたオバマ大統領も、海外での軍事作戦を遂行している。大統領在任中の二〇一一年五月、パキスタンに特殊部隊を派遣して、アメリカ同時多発テロ事件の首謀者と断定されたオサマ・ビンラディン容疑者殺害を実行した。アメリカは、国家成立の経緯がそもそもイギリスとの独立戦争だ。軍の存在なしにアメリカという国家は存在しないのである。小学生が自国の軍事作戦について学ぶことは、筆者には違和感があるが、アメリカではある程度、自然なことなのかもしれない。

小学生たちが参加していたプログラムの内容はさておき、図書館の担当者が強調していたのが、この施設は、レーガン大統領の功績を称えるためのものだが、政治的な立場はノンパーティザン、つまり政党色はないという点だった。この点は重要だ。つまり、共和党のリーダーとして称えるのではなく、党派に関係なくアメリカという国のリーダーとしてレーガン大統領を称えるという点だ。ノンパーティザンであることは、丘の上にある施設と丘の下にある大通りをつなぐ長い坂道に掲げられたおよそ五〇枚の旗を見るとわかる。政党に関係なく、歴代の大統領の肖像がすべて掲げられているのだ。共和党のレーガン大統領の施設なのに、民主党のオバマ大統領やクリントン大統領の肖像の旗が出ているのは少々不思議な感じがしたが、これがノンパーティザンであるという意思表示なのだろう。子供たちにはアメリカの保守の価値観を学んでほしいが、社会の分断を扇動することは認めない。真に強いリーダーを顕彰する施設だからこそそのプライドを感じた訪問だった。

第四章　若者たちはどこへ向かうのか

第四章では、これまで取り上げてきた若者たちの立ち位置を俯瞰し、各勢力間の力学や化学反応を考察する。そして、その相関関係からアメリカ政治をどう見るべきかを考える。もちろん、二〇二四年の大統領選挙をめぐる動きも考察の対象になる。さらに、この章では目の前の政治的な動きを見るだけに留まらず、若者たちの動きから、アメリカという国の将来についても考えてみたい。どのような方向に向かうのか、方向性を決める要因は何なのか。筆者が取材できたことはアメリカで起きている現象のごく一部に過ぎないが、限られた材料からどこまでの推察ができるのか、試みたい。

若者たちの政治的スペクトラム

まずは、アメリカの政治的スペクトラム上で、これまで見てきた各団体がどこに位置づけられるかを考えたい。序章で示した通り、筆者なりに整理してみたスペクトラムは、左から急進左派、プログレッシブ、リベラル（中道左派）、無党派、保守（中道右派）、保守

アメリカの政治的スペクトラム

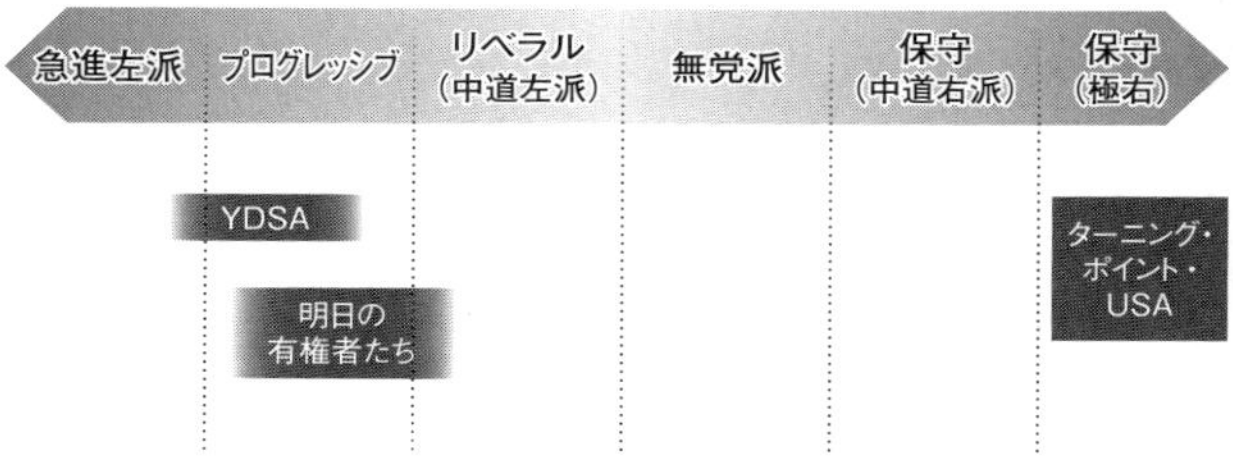

（極右）となる。最も右側の「保守（極右）」には、第一章で取り上げた「ターニング・ポイント・USA」が入る。第三章の後半で取り上げた「ロナルド・レーガン記念図書館」は、「保守（中道右派）」に入るというのが取材実感だ。ただ、これまで述べてきたようにレーガン大統領は保守派全体にとって偉大な存在であり、中道右派と極右のいずれもが「我々のアイコンだ」と主張している。また、「ロナルド・レーガン記念図書館」は、自分たちはあくまで教育機関であるとして、政治的立場を、トランプ支持者に対する立場も含めて明示しないというスタンスだ。こうしたことを考慮して、図には入れないこととする。

一方左側の「プログレッシブ」には、第二章で取り上げた社会主義を掲げる団体、Young Democratic Socialists of America（YDSA）＝アメリカ青年民主社会主義者、そして、「明日の有権者たち」が入ることになる。その上で、ＹＤＳＡについては、最も左の「急進左派」にもかかるようにした。これは、アメリカ各地の大学で行われ、二〇二四年春には、警察が本格出動する事態になった、イスラエルによるパレスチナのガザ地区への攻撃に抗議するデモに積極的だった点を考慮した。一方、「明日の有権者たち」は、カリフォルニア州支部の学生は「自分たちはプログレッシブだ」と語っていたが、リベラルが力を入れている有権者登録を支援する活動にも力を入れている点を踏まえて、「リベラル（中道左派）」にも少々突き出すようにした。アメリカの有権者登録は、日本とは大きく異なる。日本では、引っ越しをした際、住民登録をすれば自動的に選挙人名簿に登録されるが、アメリカでは引っ越しのたびに自分で有権者登録を行う必要がある。車を運転する場合は、免許証更新手続きなどの際にあわせて行えるが、そうでない場合は別途の対応が必要だ。いずれにせよ、自分から行動を起こさない限りは、実際に投票する権利を得ることはできない。共和党が強い州では、不正投票を防ぐためとして有権者登録の手続きを厳格化する動きが出ているが、民主党側は、これは投票権を制限する動きだと批判している。

こうした対立構造の中で、リベラルにとって、有権者登録支援は重要な取り組みの一つで

アメリカの政治的スペクトラム

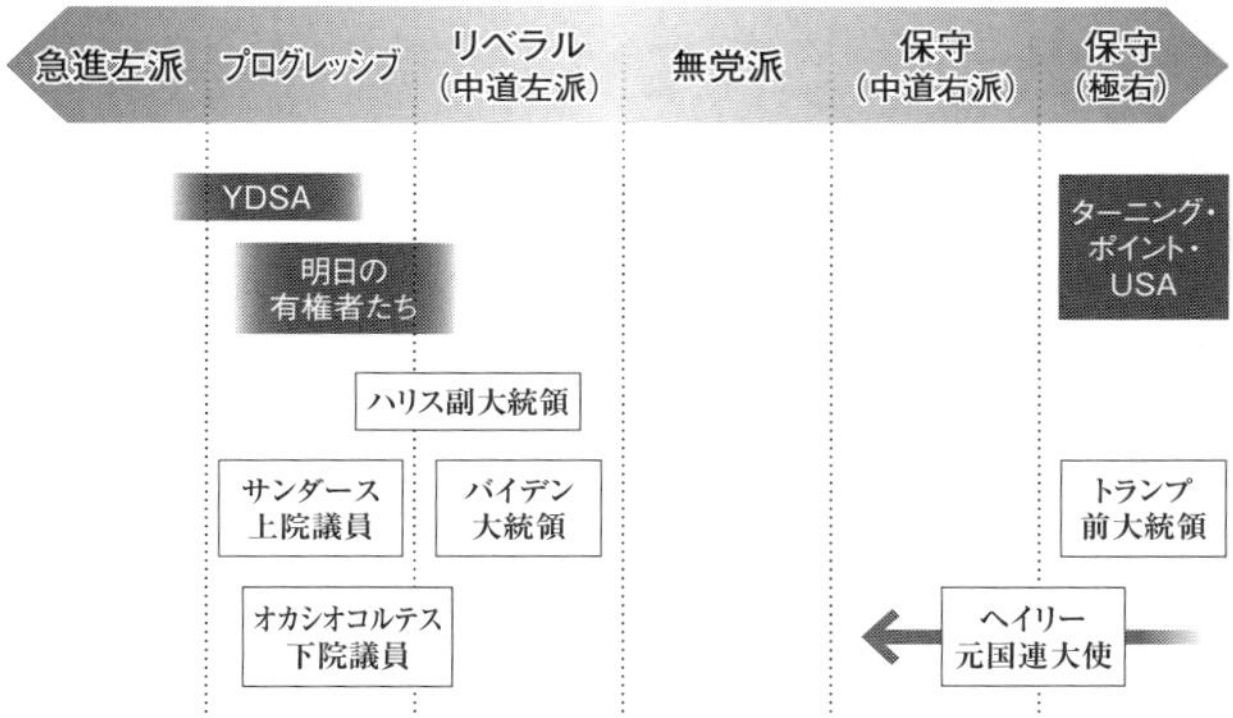

あり、「明日の有権者たち」も重視している。

次に政治家の名前を入れてみる。最も右側の「保守（極右）」には、トランプ前大統領が入る。「ターニング・ポイント・USA」がトランプ氏と近いことは第一章で説明した通りだ。二〇二四年の大統領選挙に向けた共和党の候補者選びで、トランプ氏の最有力の対立候補とされてきたニッキー・ヘイリー元国連大使は、「保守（極右）」から「保守（中道右派）」に移行してきた政治家と分類した。トランプ政権では国連大使を務めるなど、トランプ前大統領とはもともと近いので、本来は「保守（極右）」に分類されるはずだ。ただ、ヘイリー氏は候補者選びの過程で、トランプ氏との違いを強調するようになった。そこには、中道右派の支持を得るための戦略もあっただろう。こうした点を加味して、ヘイリー氏には左向きの矢印をつけることにした。

次に民主党支持層、図の左側を見てみる。バイデン大統領は「リベラル（中道左派）」に位置づけられる。その左に位置するのが、「プログレッシブ」だ。自らを民主社会主義者だとして、プログレッシブの若者から熱烈な支持を受けるベテラン上院議員のバーニー・サンダース氏は、ここに入る。もう一人挙げておきたいのは、ニューヨーク州の選挙区選出のアレクサンドリア・オカシオコルテス下院議員（イニシャルをとってAOCという愛称でも呼ばれる）だ。まだ三〇代のプログレッシブを代表する女性政治家のホープだ。一方で、政治家として将来性があり、大物になる可能性もあると見込まれているがゆえに、プログレッシブの枠に留まらず、もう少しウイングが広いと見る向きもあるので、ここでは、「リベラル（中道左派）」までかかるようにした。

そして、注目のハリス副大統領だ。基本線は、バイデン大統領と同じ「リベラル（中道左派）」だが、例えば、女性の人工妊娠中絶の権利を守ることについて、より強い姿勢を示している点などを踏まえ、バイデン大統領よりは「プログレッシブ」寄りに位置づけて

アメリカの政治的スペクトラム

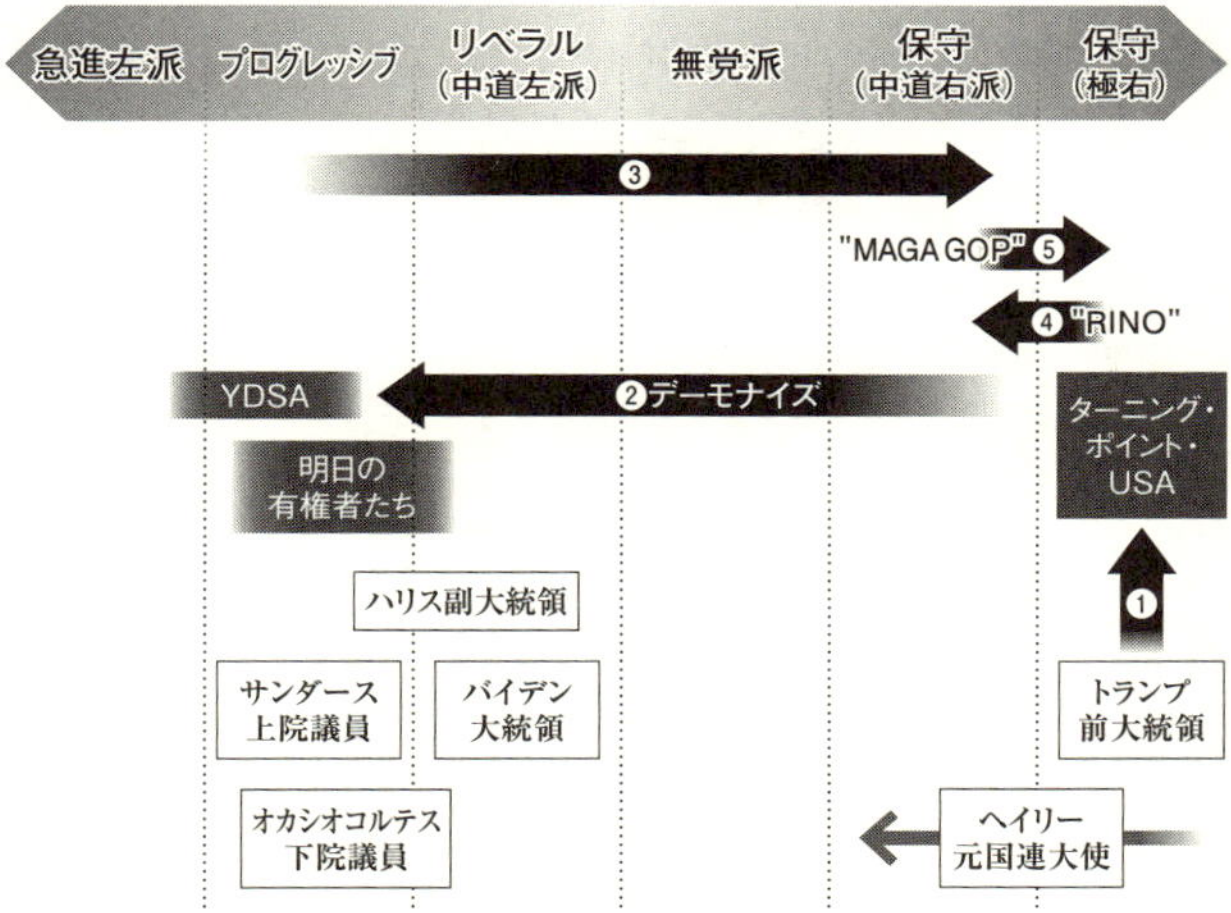

みた。そうだとすれば、ハリス副大統領は、「明日の有権者たち」あるいはＹＤＳＡといった団体に対して、バイデン大統領よりは相対的に近くにいることになる。ハリス副大統領とこうした団体との間で、選挙戦に効果的な化学反応が起きるかどうかも注目点と言えそうだ。

各団体や政治家の位置関係を把握した上で、次は各勢力間の相関関係や化学反応について考える。二〇一六年の大統領選挙以降のアメリカ政治をどう見るかについてもさまざまな見解があるが、ここ一〇年間のアメリカ政治は、トランプ氏を起点にしてみると理解しやすい（念のため申し添えておくが、トランプ氏の政治信条への支持・不支持とはまったく別の議論だ）。

①二〇一六年の大統領選挙に向けてトランプ氏が「保守」を代表する候補者として出てきた。ここで押さえておきたいのは、トランプ氏の支持者たちは、自分たちが保守だと考えているが、彼らは図で言えば「保守（極右）」に属する。一方、「保守（中道右派）」の人たちは、トランプ氏の支持者のことは保守だとは思っていない。

②トランプ氏を支持する極右の保守派団体の動きが活発になった。若者の団体で代表的なのは、創設者チャーリー・カーク氏本人がトランプ氏と近い関係にある「ターニング・ポイント・USA」だ。これまで説明してきたように、ここには保守系の富豪や企業から多くの資金が注入され活動は大きくなる。彼らの手法を表現する際によく使われるのが、相手を敵と決めつけて徹底的に攻撃するデーモナイズ（悪魔化）だ。それによって、敵対する勢力との分極化（polarization）が加速した。彼らが敵対勢力として標的にしたのが、プログレッシブの団体だ。

③プログレッシブの団体は、直接的な攻撃を受けたことで危機感を強め、活動を活発化

させた。ＹＤＳＡの学生たちは、「ターニング・ポイント・ＵＳＡ」から活動を妨害されたことを語っていた。「明日の有権者たち」のカリフォルニア州支部の学生は、トランプ大統領の登場による保守派の動きの活発化が、自分の活動の原点にあるとのことだった。こうした点で、極右の保守とプログレッシブは、一方の動きが活発になれば、他方も活動を加速させるという作用反作用のような関係にあると言える。

さらに、④極右の保守派団体は、相対的に近い位置にいるはずの中道右派をも攻撃対象にしている。その激しさは、先述の通り、中道右派を「名前だけの共和党員」（ＲＩＮＯ＝Republican in name only）という呼び名で非難することに象徴される。これによって、「保守（極右）」の中では、より団結が強まり、それと同時に自分たちと異なる考えは一切受け入れないという排他的な力学も強くなる。

⑤対する中道右派は、極右のことを「MAGA GOP」（ＧＯＰはジーオーピーとアルファベットのまま発音する）あるいは「トランプＧＯＰ」などと呼ぶ。ＧＯＰはGrand Old Partyの略、つまり共和党のことだ。ＭＡＧＡは、トランプ前大統領の有名なキャッチフレーズ、Make America Great Again（アメリカを再び偉大に）だ。要するに、中道右派は、自分た

ちこそが正統派であり、トランプ氏の支持者は、それこそ名前だけの共和党員に過ぎないと批判しているのだ。つまり、④と⑤の動きは、いわば保守の看板をめぐる批判合戦だ。

次に、二〇二四年の大統領選挙に向けた政治家たちの動きを重ねてみよう。トランプ前大統領と「ターニング・ポイント・USA」に代表される若者団体は、極右の「保守」という同じカテゴリーの中で、相乗効果を生み出している。各団体のトランプ氏への支持は積極的だ。これに対して、ヘイリー氏についてはどうだったか。ヘイリー氏が共和党内の大統領選挙候補者選びにあたって強調していたのは、トランプ氏との違いだった。トランプ氏が高齢であることを強調したのもその一環だろう。共和党内で、「トランプ氏は極右すぎる」と懸念を持つ党員はヘイリー氏を支持するという目論見《もくろみ》だったのだろう。ただ、これは積極的支持ではなく消極的支持だ。さらに、ヘイリー氏への積極的支持を表明していた有力な若者の団体は、筆者なりにアメリカのメディアをチェックした限りでは見当たらなかった。積極的支持不在の現象は若者に留まらなかったようだ。一般論として、選挙では、極端な主張をしている候補者は当選させないようにしようという一種のバランス感覚が有権者の中で働いて、結果的により中道に近い候補者が選ばれることもあるだろう。しかし、現状では、極右の保守派は中道右派を「名前だけの共和党員」と激しく非難している。中道右派の人たちは、共和党という同じ政党を支持しているはずなのに、これだけ極右の保守派から攻撃されて、果たして、トランプ前大統領に票を投じるために、わざわざ投票所に行くだろうか。行かない人も少なくないだろう。トランプ氏が正式に共和党の大統領候補に決まった二〇二四年七月の共和党の全国党大会では、ヘイリー氏がトランプ氏への支持を表明する演説を行った。ヘイリー氏の演説には、こうした懸念を党内で払拭する狙いもあったと言えそうだ。

一方、二二七ページの図の左側、民主党支持層を見てみる。民主党内では、二〇二四年の大統領選挙でトランプ氏がこのままの勢いだと返り咲きを果たすのではないかという危機感が高まっている。急進左派でも、プログレッシブでも、リベラルでも、この危機感は共有されている。しかし、若者で積極的な活動が目立つのは、主にプログレッシブだ。リベラルでは、要するに生ぬるいということで、バイデン大統領への支持は積極的なものではない。イスラエルによるパレスチナのガザ地区への攻撃に抗議するデモが二〇二四年に入って、全米の各大学に広がっていることが象徴的だ。デモに参加している若者たちは、民主党寄りではあっても、バイデン政権の外交政策を支持しているわけではないのだ。トランプ前大統領と極右の保守派の若者の団体のようなシナジー効果は生まれていない。バイデン氏が選挙戦からの撤退を余儀なくされた決定的な要因は、二〇二四年六月のトランプ前大統領との討論会で精彩を欠いたことにあるが、若者という軸で考えてみると、熱量が多い若者たちとバイデン大統領の間には、それ以前から政治的スタンスにずれが存在していたと言える。

それでは、プログレッシブを代表する政治家がバイデン大統領に代わる民主党の候補者になる可能性はどうだったであろうか。プログレッシブに支持される政治家については、先ほど少し紹介した。ただ、サンダース氏は八三歳と高齢で、これまでも大統領選挙の候補になることを目指してきたが、決定的な支持拡大に至らなかった。オカシオコルテス氏は若者に人気だが、大統領を目指すには政治的経験があまりにも足りない。まだ、連邦下院議員を務めているだけだ。上院議員や州知事というレベルのポストにはついていない。

プログレッシブの候補を擁立することは現時点では容易ではないようだ。こうした中では、バイデン大統領に次ぐ要職にあり、カリフォルニア州選出の連邦上院議員という「必須科目」をこなしている点からも、ハリス副大統領が民主党の大統領候補となったのは、時間的な制約があった中では、自然な流れだったと言えそうだ。

民主党にとっての頼みは、トランプ氏の再選は阻止しなければならないと考える有権者の危機感だ。二〇二四年の大統領選挙では、民主党支持者が抱く「トランプ氏再選への危機感」が無党派層にも広がって、多くの有権者が投票に行けば、民主党が勝利するだろう。もちろん、史上初の女性大統領としてのハリス副大統領への期待感、バイデン大統領よりはプログレッシブ寄りであることとの若者への訴求力も重要なポイントだ。これに対して、無党派層の中で、政治への無関心や諦めなどの空気が大きく変わらなかった場合には、トランプ前大統領の返り咲きの可能性が高まると言えそうだ。

大統領選挙後のアメリカは

二〇二四年以降もアメリカの政治は同じような状況が続くのだろうか、それとも変化が起きるのだろうか。変化のタイミングの予測は難しいが、変化を起こす要素を並べることはできる。それらの要素とは、大統領候補者、資金、若者だ。強い大統領候補者が出てくれば構図は変わる。今後、若い世代の政治家が、それこそ上院議員や州知事などのポストにつけば、そこから一気に大統領候補になる可能性はある。例えば、オバマ大統領の場合、イリノイ州選出の上院議員になったのは四〇代前半。そして四〇代後半には大統領に就任した。若い政治家を支持する大きな原動力は、やはり若い有権者だ。「ターニング・ポイント・USA」を支えている富豪がプログレッシブの候補者のために資金を注入することはあり得ないが、プログレッシブの若い政治家が多くの若い有権者から支持される状況を受けて、これに共感した起業家などが巨額の寄付を行う可能性は今後、十分にある。若い世代の動きがより活発になることで、政治や選挙に関心を持つ人が増えるかもしれない。

今後の若者の動向を決める要素は何か。その一つが教育だと筆者は考える。ここでの教育という言葉は、学校での授業に留まらず、家庭での親子の会話なども含めて、子供の成長に資するあらゆる活動を意味する。本書の直接のテーマは、教育現場の課題そのものを考察することではないが、若者たちの行動を見つめる時、その背景にある教育の現状を知

教職員の抗議デモ　（2023年3月15日　カリフォルニア州ロサンゼルス　筆者撮影）

ることは有益と考えるので、ある程度記しておきたい。

公教育の厳しい現状

アメリカの教育について考える時、特に深刻な問題として取り上げられるのが公教育の実態だ。日本と同様に教員不足が深刻で、それが悪循環を生んでいる。欠員が生じている公立学校は、全米でおよそ四五パーセントに及ぶという調査結果もあった。

二〇二三年三月、ロサンゼルスの市役所の前では、主催者発表でおよそ一万人が参加して抗議デモが開かれた。集まったのは、全米で二番目に大きなロサンゼルス統一学区の公立学校で働く教職員だ。会場は芝生の公園で、市役所の庁舎の前には、野外フェスティバルさながらのステージが組まれていた。関係者の演説が始まる前に、ラテン系のバンドが登場して会場を盛り上げるところは、ロサンゼルスらしいと感じた。ステージの前に陣取っていた教職員たちはノリノリで踊っていた。

集会では、学区では三九〇〇人以上の教職員が不足しているとして、解消のために給与の引き上げなど待遇の改善が必要だと訴えた。教職員らに続いて、学区の高校に通う生徒も登壇した。高校生は、演説の途中で声のトーンを上げ、会場をシュプレヒコールにいざなう。「学区の責任者は私たちを守ってくれているか」、「学区は私たちを大事にしてくれているか」という問いかけに対して、およそ一万人による「ノー!」の大合唱が力強く響き渡った。

アメリカの学校は、公立であっても、保護者などからの寄付が運営にあたって重要な財源となっている。寄付の財源で、授業で使うパソコンを買ったり、音楽や体育の教師を雇用したりする。寄付の多寡で教育の質が左右される。筆者が住んでいる地域の小学校は、教育熱心な家庭が多かったことなどもあり、比較的寄付が集まっていたようだった。寄付を呼びかける保護者あてのメールには、寄付の金額についていろいろな選択肢が記されている。ちなみに「推奨」という表現がつけられた選択肢は、年間一〇〇〇ドル以上の寄付を求めるものだった。その金額の高さに毎年驚愕《きょうがく》していた。

学校週四日制

教員不足は全米的な問題だ。教員を確保する見通しが立たない地域では、新しい動きが出ている。それは、教員の勤務日を減らすことで、教員を確保しようという「週四日制」の導入だ。

二〇二三年五月、南部テキサス州のキングズビルという町を訪れた。コーパスクリスティ（ラテン語で「キリストの体」という意味）という都市の空港に降り立ち、そこから車で三〇分ほどの距離だ。メキシコとの国境まではおよそ二〇〇キロ。人口およそ二万五〇〇〇人ののどかな街だ。教育委員会に行くと、学区の責任者を務めるセシリア・レイノルズペレズさんが出迎えてくれた。厳しい財政状況を踏まえて、週四日制を導入することにした

保護者に新制度を説明するセシリア・レイノルズペレズさん
（2023年5月11日　テキサス州キングズビル　筆者撮影）

が、レイノルズペレズさんは保護者の不安を解消するために、あの手この手を打った。まずは、月曜日から木曜日までの授業時間を増やして、州が定めた授業時間を確保することを決めた。次に、地域の大学やＮＰＯの協力を得て、金曜日は算数の学習クラブやスポーツを行う場などを設けることにした。共働きで、平日の午前中、子供と一緒に過ごすことは難しいという保護者の要望に応えたものだ。学区では、この制度を「週四・五日制度」と名付けた。

レイノルズペレズさんは、故郷の教育を立て直すために、日本風に言えばＵターンして

市の幹部と共に。中央の女性がレイノルズペレズさん
（2023年5月11日　テキサス州キングズビル　筆者提供）

きた人だ。昼食時には、市長や市議会議長らが教育委員会に来て、筆者たち取材班と一緒にバーベキューの弁当を頬張った。テキサスのバーベキューは、濃厚なソースが特徴だ。彼らが口々に言っていたのは、レイノルズペレズさんのリーダーシップに対する感謝の言葉だった。学校週四日制については、取材をOKしてくれる自治体がなかなか見つからなかった。キングズビルは、厳しい状況は認識しつつも、レイノルズペレズさんのリーダーシップによる打開策をメディアに取り上げてもらうのは、マイナスではないと判断したのだろう。筆者たちが帰った後には、今度は、アメリカを代表する大手メディアの一つ、C

NNの取材を受ける予定とのことだった（CNNより先に取材を受けてもらったことに感謝すると共に、自分のアメリカ社会に対する問題意識は、アメリカのメディアと比べてもそんなに外れていないようだと安堵した）。

ただ、アメリカ全体を見渡すと状況は深刻だ。オレゴン州立大学のポール・トンプソン准教授がアメリカ各地の大学と合同で行った調査では、学校週四日制を導入したのは二四州のあわせて一六〇〇校に及ぶことがわかった。特に多いのが、人口流出などが原因で自治体が財源不足に陥っている農村部だ。トンプソン准教授は、「週四日制の導入はアメリカ全体の中ではまだわずかだが、導入する学区は確実に増えている」と話す。

教員不足解消の打開策は見当たらない。教員になろうと考えて、大学さらに大学院で学ぶには高い学費がかかる。ローンを組む場合もある。晴れて教員になっても、生活やローン返済に必要な収入を確保できないという判断になれば、そのキャリアパスは選択肢から外れることになるだろう。さらに、アメリカは日本よりも地方分権型で、中央政府の関与は少ない国だ。このため、大きな税収減に陥った自治体は、財政悪化と人材流出の悪循環に陥り、教員不足に歯止めをかけられなくなっている。公教育の質の低下が進む中、今起きているのは教育の分極化だ。

分断の再生産

公教育への信頼感が下がると、一定以上の経済力がある保護者は子供を私立の学校に行かせようとする。日本と同じような現象がアメリカでも起きている。アメリカ版の「お受験」も存在する。近所の公立小学校でも四年生くらいになると、私立に転校する児童が出てくる。その先の中学、高校、大学への進学を見越してのことだ。算数が得意な子供たちを集めた特別な教室も存在する。日本で言うところの入塾試験はもちろんある。晴れて通うことが認められた子供たちは、二学年以上先の内容の問題を解いている。こうした算数教室の一つが、ＵＣＬＡの数学科の教室を使って行われていた。建物の外で授業が終わるのを待っている親の顔ぶれを見ると、予想通りアジア系が多かった。それ以外の親も一定数はいたが、夫婦で英語以外の言語を話している人が多かった。世界中からアメリカに渡ってきて、子供には成功をつかんでほしいと考えている人たちだ。このような人たちの子供が、「ターニング・ポイント・USA」のような保守派の運動に一生懸命に取り組む若者になる例は、多くはないだろう。ロサンゼルスという土地柄からしても、プログレッシブに傾倒する若者になる可能性の方が高いと思う。

一方で、小学生のうちから、保守化の教育を施すための教育機関を作ろうという動きも出ている。そうした活動に取り組む一人が、カリフォルニア州アナハイムにあるインフルエンス教会のフィル・ホッツェンピラー牧師だ。インフルエンス教会はいわゆるメガ・チャーチ、巨大な教会の一つだ。ホッツェンピラー牧師は、日本の首都圏にも系列の教会を作るなど、幅広く活動している。取材で訪れた時には、教会内部の撮影やインタビューが終わった後、「一緒に昼食をとりましょう」と自らのオフィスにいざなってくれる気さくな人物だ。その時言っていたのが、「今度は学校を作ろうと思っている。教会の隣の敷地を確保してある」ということだった。筆者は日本に帰国してから半年以上が経過した二〇二四年二月、久々に教会のウェブサイトを開いてみた。トップページに出てきたのは、「ターニング・ポイント・USA」のチャーリー・カーク氏が微笑む写真だった。翌月に教会が行う無料のイベントに来る、とある。インフルエンス教会では、カーク氏、ホッツ

「インフルエンス・ラーニング・センター」のウェブサイト

エンピラー牧師、そして多くの信徒が一体となって、トランプ氏の返り咲きの実現に向けて結束を誓うのだろう。「インフルエンス教会　アナハイム　学校」とサーチエンジンに入れてみると、「インフルエンス・ラーニング・センター」という施設が出てきた。これが、牧師が言っていた学校のようだ。学校に行かずに、自宅で学習する「ホームスクーリング」をしているおおむね小学生から高校生までを対象に、友達作りを手伝ったり、勉強の指導を行ったりするという説明がある。掲載されている動画には、子供たちが勉強したり、踊ったりしている様子だけでなく、星条旗が置かれた部屋で祈りをささげているシーンなども、さりげなく盛り込まれている。ホッツェンピラー牧師は、ネットによる動画ニュースの配信なども行っているので、この類のPRはお手のものだろうと思った。さらに説明を読んでみると、「私たちは、子供たちに、仲間と一緒という環境の中で、ここならではの高い質の教育や経験の機会を提供します。私たちはキリスト教の価値観や聖書に基づく原理原則を大切にします」とある。保護者は、教会で「ターニング・ポイント・USA」創設者のチャーリー・カーク氏の話を聞いて心酔し、子供を同じ教会が運営する教育機関に行かせる。子供たちの中からは、将来、保守系の活動に熱心に取り組む若者も出てくるだろう。

筆者には、教育の分極化が進む中、子供や若者を対象にした政治的な青田買いとも言える動きが加速しているように見える。子供は親とは別の人格とはいえ、親の影響を大きく受ける。家庭だけでなく、学校あるいはそれに準じた場所で受ける教育の影響も大きい。若者の分極化を加速させるのも教育だし、分極化を抑制して、若者同士の対話の道を開くのも教育だ。分断を食い止めるための鍵は教育だ。それは突き詰めれば、親が子供にどう向き合うかという問題だ。

結語・若者たちの未来は

アメリカの若者たちが掲げる政治的主張の幅は広い。一方で、共通項もいくつかあった。一つ目は、コミュニケーション能力の高さだ。自分の考えを論理的かつ雄弁に、自分の言葉で説明しようという熱意や誠意を感じることが多かった。これには小さい頃からの教育も大きく影響しているだろう。二つ目は、自分たちの主張に正当性を与える根拠の一つとして、国の理念が明文化された合衆国憲法を挙げ、憲法に基づく正義は実現されるべきと考えている純粋な思いだ。アメリカ社会の分断は深刻だが、こうした共通項がアメリカをかろうじて一つの国家として成立させているとも感じた。だが、筆者が最も印象的だったのは、本気で自分の国の政治を変えようという若者たちの力強さだった。

どの国であっても、未来を創るのは若者たちだ。未来を切り開く若者たちのエネルギーを信じよう。しかし、彼らは純粋であるがゆえに、突っ走りすぎてしまうことがある。時には限度を超え、社会が許容できない程度にまで深刻化してしまうこともある。異なるグループ同士の非難の応酬は、過激になることもある。自分の思いが別のグループの人たちにまったく伝わらず、大きな失望感を味わうこともある。有り余るエネルギーを発散させ、猪突《ちょとつ》猛進を続ける若者たちが大きく脱線しないよう導いていく。それが教育の役割であり、大人あるいは親の役割だ。取材を締めくくるにあたって、一人の記者として、あるいは一人の父親として、そんな思いを強くした。

あとがき

日本に帰国して一年余りが経った。今住んでいるのは生まれ育った東京ではなく、初めて赴任した沖縄だ。二〇二三年七月の着任以降、沖縄では大きなニュースが相次いでいる。およそ一週間にわたって沖縄周辺を迷走した台風六号、パリ五輪への出場権を日本が自力で獲得した男子バスケットボールのワールドカップのような嬉しいニュースもあった。しかし、それ以上に大きかったのは、アメリカ軍普天間基地の辺野古移設計画に関する国と沖縄県の対立をめぐるさまざまな動きだ。さらに、アメリカ兵による性暴力事件も相次いで明らかになり、各関係機関に対する県民の不信感は強まっている。今現在の筆者の役職は、放送関係の業務全体を統括するマネージメント業務で、現場の動きを一つ一つ直接取材することではない。それでも、沖縄発のニュースや番組を見る時に、筆者は、アメリカの若者たちの取材を通じて感じたことが日本ではどの程度実践されているのか、言い換えれば、日本は成熟した民主主義国家と言えるのか、法治主義は貫かれているのか、正義の実現は尊重されているのかなどなど、思いを巡らせることがしばしばだ。

日本の若者たちを見てみると、国連が掲げるSDGs＝持続可能な開発目標に対する認知度が高まった効用もあってなのか、個別の社会問題を取り上げる団体の活動が、筆者が永田町・霞《かすみ》が関《せき》で取材をしていた二〇年前よりは活発な印象を受ける。メディアが取り上げることも増えているようだ。日本がより成熟した民主主義国家になるという観点から、こうした動きは喜ばしいことだ。一方で、アメリカのように、個別の団体の動きが結集して、国の政治に影響を与えるような大きな勢力が登場するには至っていないようだ。今後、日本の若者たちが、エネルギーを結集させて政治や行政機構を突き動かすような存在になってくれれば、この国にも新しい展開があるかもしれない。

さて、本書は、NHKのニュースで、リポートとして放送するために取材した内容がベースになっている。執筆にあたっては、リポート制作で使った資料を一から読み直して、原稿に落とし込んでいった。

筆者が今回アメリカに駐在したのは、二〇一九年の夏から二〇二三年の夏までの四年間だった。二〇二二年に『非科学主義信仰　揺れるアメリカ社会の現場から』（集英社新書）を出版したことで、筆者のアメリカでの社会問題取材は一つの節目を迎えた。出版後、アメリカに駐在できる期間は一年もないというのが大方の見方で、実際にその通りになった。効率的に取材を進めることが一層重要になった。こうした中で、下調べを正確かつ迅速に行い、ロケにも同行していただいたアメリカ在住のリサーチャー、神宮寺愛さんには特にお礼を申し上げたい。集英社新書の金井田亜希さんには、前作に続いて企画をまとめる段階から多くのご助言を頂いた。同じく集英社新書の稲垣ゆかりさんには、初稿を提出して以降大変お世話になった。本書を貫く柱に「対話」というキーワードを据えることにしたのは、稲垣さんとの度重なるやりとりの結果生まれたアイデアだ。

若者をテーマに取材をしたのは、長い時間軸でアメリカの未来を予測するための手がかりを得たかったからだ。それだけではない。自分の子供が現地校で受けているアメリカの教育とは一体何なのか。そんな素朴な疑問に対する答えを探したかったという個人的な動機もあった。アメリカの実像を知る上で、自分の子供から教えてもらったことは非常に多かった。驚きもあったし、戸惑いもあった。持ち帰ってきた宿題を見ても、何をどう教えればよいのかまったくわからず、途方に暮れたこともあった。解決策として、大学生の家庭教師を雇ったのだが、彼らからアメリカの若者のリアリティについて知ることも多かった。学校の親同士のつながりから学んだことも多かった。そして、異なる文化を知ろうという人生の旅において、いつも一緒にいてくれる家族には、この場を借りて改めて深く感謝したい。

二〇二四年八月　沖縄にて

及川　順

主要放送記録・参考文献

及川順報告「CRT議論加熱で中間選挙は…」『国際報道2022』二〇二二年八月四日放送
及川順報告「アメリカ中間選挙〝影の主役〟トランプ氏の支持者たちは…」『国際報道2022』二〇二二年九月二一日放送
及川順報告「保守派の若者団体〝若年層取り込め〟」『国際報道2023』二〇二三年四月一一日放送
及川順報告「ヘイトクライム撲滅へ　動き出す日系アメリカ人の若者たち」『キャッチ！世界のトップニュース』二〇二三年四月一三日放送
及川順報告「アメリカ『週4日制』教育現場の模索」『国際報道2023』二〇二三年六月六日放送
及川順報告「動き始めた教育現場」『国際報道2023』二〇二三年六月一三日放送
及川順報告「米大統領選まで1年余　左派学生たちの動きは今」『国際報道2023』二〇二三年六月二二日放送

Steven Pinker, *The Better Angels of Our Nature: Why Violence Has declined*, Penguin Books, 2012（幾島幸子・塩原通緒訳『暴力の人類史』上下、青土社、二〇一五年）
Kyle Spencer, *Raising Them Right: The Untold story of America's Ultraconservative Youth Movement and Its Plot for Power*, Ecco and HarperCollins, 2022
Amy J. Binder & Jeffrey L. Kidder, *The Channels of Student Activism: How the Left and Right Are*

Winning (and Losing) in Campus Politics Today, The University of Chicago Press, 2022

Philip S. Gorski & Samuel L. Perry, *The Flag and the Cross: White Christian Nationalism and The Threat to American Democracy*, Oxford University Press, 2022

Heather Cox Richardson, *Democracy Awakening: Notes on the State of America*, WH Allen, 2023

Ben Rhodes, *After the Fall: The Rise of Authoritarianism in the World We've Made*, Random House, 2022

図版作成／ＭＯＴＨＥＲ

及川　順（おいかわ　じゅん）

一九七一年東京都生まれ。東京大学経済学部卒業。一九九四年NHKに記者として入局。国内政治、アメリカ政治を中心に取材。報道局政治部、アメリカ総局（ニューヨーク）などを経て二〇一九年からロサンゼルス支局長。二〇二三年から沖縄放送局コンテンツセンター長。二〇一〇年、国連記者協会賞受賞。著書は『非科学主義信仰　揺れるアメリカ社会の現場から』（集英社新書）。

引《ひ》き裂《さ》かれるアメリカ

トランプをめぐるZ世代《せだい》の闘争《とうそう》

二〇二四年一〇月二二日　第一刷発行

集英社新書一二三四B

著者……及川《おいかわ》　順《じゅん》

発行者……樋口尚也

発行所……株式会社集英社

東京都千代田区一ツ橋二-五-一〇　郵便番号一〇一-八〇五〇

電話　〇三-三二三〇-六三九一（編集部）

〇三-三二三〇-六〇八〇（読者係）

〇三-三二三〇-六三九三（販売部）書店専用

装幀……原　研哉

印刷所……ＴＯＰＰＡＮ株式会社

製本所……加藤製本株式会社

定価はカバーに表示してあります。

ISBN 978-4-08-721334-8 C0220

a pilot of wisdom